疯狂阅读
CRAZY READING
青春励志馆④

逆袭人生

主编 / 杜志建

越过低谷，

就有阳光。

即使只有一个人，

也能活成千军万马的模样。

漓江出版社
·桂林·

图书在版编目（CIP）数据

疯狂阅读．青春励志馆 4 / 杜志建主编．-- 桂林：漓江出版社，2024.3

ISBN 978-7-5407-9759-1

Ⅰ．①疯… Ⅱ．①杜… Ⅲ．①阅读课 - 中学 - 教学参考资料 Ⅳ．① G634.333

中国国家版本馆 CIP 数据核字（2024）第 061458 号

疯狂阅读·青春励志馆 4

FENGKUANG YUEDU · QINGCHUN LIZHIGUAN 4

主编　杜志建

出 版 人　刘迪才
出版统筹　文龙玉
责任编辑　魏志明
助理编辑　唐子涵
书籍设计　张　羽
封面绘图　佳佳子_JIA
责任监印　黄菲菲

出版发行　漓江出版社有限公司
社　　址　广西桂林市南环路 22 号
邮　　编　541002
发行电话　010-85891290　0773-2582200
邮购热线　0773-2582200
网　　址　www.lijiangbooks.com
微信公众号　lijiangpress

印　　制　河南瑞之光印刷股份有限公司
开　　本　787 mm × 1092 mm　1/16
印　　张　10
字　　数　280 千字
版　　次　2024 年 3 月第 1 版
印　　次　2024 年 3 月第 1 次印刷
书　　号　ISBN 978-7-5407-9759-1
定　　价　22.80 元

声明

基于对知识和创作的尊重，本书向所选文章、图片的作者给予补贴。因条件所限未能及时联系的作者，我们在此深表歉意，当您看到本书时，请与我们联系，以便我们向您支付补贴和赠送样书。因篇幅有限，部分文章有删节，敬请谅解。

联系方式：0371-68698015

目录

CONTENTS

低谷与绝壁，只是转角和台阶

永远相信美好的事情即将发生

凡是打不倒你的，终将使你更强大

人生的路不白走，每一步都算数

愿你走过的所有弯路，最后都成为美丽彩虹

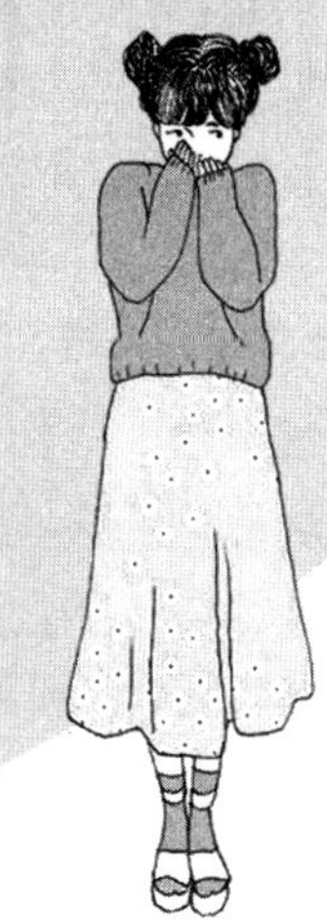

低谷与绝壁，只是转角和台阶

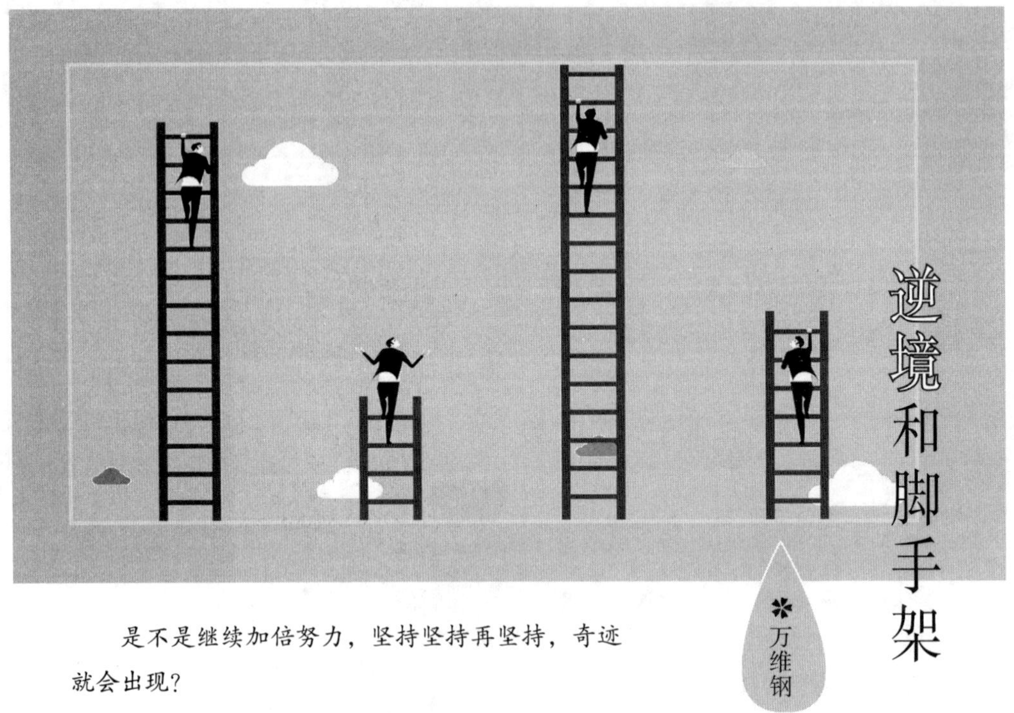

逆境和脚手架

万维钢

是不是继续加倍努力，坚持坚持再坚持，奇迹就会出现？

不知你有没有遇到过这样的困境：某一天你突然发现，自己的能力好像到头了。你不是不勤奋，可是成绩突然就不再提高了，怎么练都难以寸进，你进入了死胡同。

是不是继续加倍努力，坚持坚持再坚持，奇迹就会出现？

1

我想告诉你，那是没用的，科学证据不支持使用同样的方法解决已经被证明这个方法不能解决的问题。

科学证据支持的是，成长遭遇平台期，其实是个正常现象。人人都会经历这一步，而且不止一次。有两个认知科学家考察了一百多年间有关进步的各种数据后，发现一个规律——成绩停滞不前的时候，你要想再提高，就必须先让成绩降下来，你得以退为进。

这是因为你必须换方法。旧方法只能让你走这么远，而新方法你还不熟练，所以刚换方法的时候你的成绩一定会下降。下降代表进步。比如，打字。如果一开始学打字你是眼睛盯着键盘打，很快就能达到每分钟三四十个单词的水平……然后你就到了平台期，你发现再怎么练也不能提高了。这时候你就得换方法，改成盲打，眼睛只看屏幕不看键盘。盲打会让你的成绩下降，你需要适应，但是只有这样你才可能突破瓶颈。

这个道理简单吧？问题是，方法不是说换就能换的，你需要帮助。

2

咱们讲个英雄的故事，职业棒球投球手R.A. 迪奇（以下简称迪奇）的故事。我认为他的故事应该拍成电影。

迪奇上初中时被视为棒球天才，高中时候就有专业球探来看他比赛，大学毕业后代表美国国家队拿了一块奥运会铜牌，然后被得克萨斯游骑兵队在选秀首轮选中，据说光是签约费就有 80 多万美元。

然而在签约之前，游骑兵队查出迪奇的手臂有问题。他的右手臂缺了一条韧带，这使得他的投球速度会有一个很低的上限。游骑兵队还是留下了迪奇，但签约费还不到 8 万美元，而且把他下放到了小联盟。

迪奇当然不甘心。手臂力量不够，那自己能不能投聪明球呢？迪奇尝试每次投球给出不同的速度和旋转，这样能迷惑对方的击球手。这招见效了，他在小联盟打出了名堂，游骑兵队把迪奇召回了大联盟。

然而故事没有这么简单。迪奇那些招数对大联盟的击球手不太好使，他表现平平，三个赛季之后又被下放到小联盟。然后迪奇继续苦练，他练到了痴狂的程度，开车时都得拿个球找手感……

此时的迪奇已经 31 岁，别的投球手到了这个岁数都快退役了。命运的曲折都可以忍，问题是，迪奇好像怎么练都再也无法提高。

接下来的故事有点武侠小说的味道。你猜对了，迪奇身上有尚未被挖掘的潜力。

就在最后一次被下放到小联盟的时候，迪奇的投球教练给了他一个模糊的指点。教练说："你这个投法是不可能再回到大联盟的。多年来江湖中一直传说有一种'指节球'，又叫'蝴蝶球'，球投出去之后不走直线，会左右摇摆，让击球手无所适从。你那个怪球好像有点那个意思，要不你练练指节球？"

那种球确实存在。棒球的正统投法，是用手指把球包住，用力投出的一刹那手腕上加一个转动，这样球的路线稳定。指节球其中的一个打法是要用食指和中指的指甲抠着球投，刻意地不让球旋转。球投出去之后，球自身的缝线区域和光滑区域在空气中会产生不同的湍流，这些小湍流会给球一个不确定的扰动，结果就投出一种"之"字形的路线。不但击球手难以捕捉指节球，连捕手都得换个特大号的手套才能接到球。

指节球还有个好处是对速度和力量要求不高，这就延长了投手的职业生涯。但问题是，教练不知道怎么练指节球。

没有人确切知道如何去练。为了练指节球，迪奇必须先忘记熟练的投法，重新学习。

迪奇开始到处拜师求教。的确，曾经有球员成功投出过指节球，但是他们大都退役了，现在大联盟只有一个现役球员会投指节球。而且他们投指节球的技术都不成系统，也没有人总结成理论。迪奇一个个登门求教，这些球员也都倾囊相授。特别是那个现役球员，等于把自己的商业机密告诉了迪奇……

迪奇像海绵一样吸收和过滤信息，终于练成了自己独有的指节球投法。

帮助迪奇的人给他提供了"脚手架"。向上攀登时，遇到障碍可能靠自己过不去，就需要找个"脚手架"借力，英雄不能只靠自己。

36 岁这一年，迪奇重返大联盟。

38 岁时，迪奇已经是精英级球员，但他还想再进一步。职业生涯到了这个程度已经不是技术水平的问题了，需要心态上的突破。

这次，迪奇找到的"脚手架"是攀登非洲最高峰——乞力马扎罗山。那是他的梦想，而且他还给此行搞了个特别的活动：只要他能登顶，赞助商会筹集一笔钱用于慈善事业。

这次登山非常冒险，但迪奇用了 7 天，登顶了。也许登山带来的成就感和对慈善事业的贡献提高了迪奇的上限，下山后，迪奇打出了他职业生涯中表现最好的一个赛季，创造了好几项纪录。

改变路线、寻求指点、互相帮助——遇到瓶颈时，想想你有哪些"脚手架"吧。

等信的马尔克斯

✽申赋渔

人生就是一场理想与现实的博弈与轮回。面临绝境，生活正是在少数人的清醒与坚持中一点一点变好的。

马尔克斯又到楼下的门房去问，有没有他的信。没有。他给所有的朋友都写了信，没有一个人回他。他拉开床头的抽屉，里面已经没有一分钱。

1956年，马尔克斯流亡巴黎，他供职的哥伦比亚《观察家报》被查封了，报社已经不可能寄钱给他。马尔克斯缩在“三个公学旅馆”的阁楼上，交不出房租，也没钱吃饭。

60年后，我来寻访马尔克斯困守的这个小旅馆。小旅馆在法国巴黎索邦大学旁边一条路上，门边的墙上挂着一个马尔克斯的小雕像。旅馆的小厅里有一个书架，上面放着法语版和西班牙语版的马尔克斯的书。1957年，马尔克斯在这里写出了《没有人给他写信的上校》。他说这是他写得最好的小说。

马尔克斯这本小说的书名带着强烈的感情色彩。因为不是没有人给上校写信，而是没有人给他，给29岁的马尔克斯写信，确切地说，是没有人给他寄钱。马尔克斯已经饿得没办法了。他到处收集旧报纸和空酒瓶去换钱，或者捡法国人不吃的肉骨头、猪下水，拿回来煮一煮吃。即便这样，他还得写作。因为写作才是他的希望。

他写他的外公，那个每周去邮局等信的上校。他小时候是跟外公外婆度过的。外公这个古怪的行为，他一直当成一个笑话。当他拿起笔的时候，他是想写一部喜剧的。可是在巴黎，在他天天等朋友们救济的时候，他把喜剧写成了痛彻肺腑的悲剧。

马尔克斯这部小说写成时，已经是1957年。他改了9遍。因为除了改小说，他也做不了其他事。他写得累了、饿了，就会下楼，到旁边的卢森堡公园里转一转。公园很近，离小旅馆只有几百米。

我从小旅馆出来，往右拐到圣米歇尔大街，再走几步，就看到了卢森堡公园。就在这短短的街道上，在1957年，在一个下着雨的春日，一位穿着破旧牛仔裤、格子衬衫，戴一顶棒球帽的老人，生机勃勃地走在旧书摊和从索邦大学走出来的学生当中。马尔克斯在街道的对面看到了他，认出了他，他用双手圈在嘴上激动地朝他大喊："大——大——大师！"那人回过头，朝他挥挥手，回应道："再见，朋友。"这个人是海明威。30多年前，他和马尔克斯一样，在卢森堡公园用散步来抵挡饥饿。这是他们唯一的一次相遇。

我站在这些曾为潦倒的海明威和马尔克斯遮风避雨的梧桐树下，突然间仿佛洞悉了命运的秘密。

马尔克斯在他的小阁楼上，几乎研读了海明威的所有作品，用海明威的"冰山理论"，写出了《没有人给他写信的上校》。而就在此刻，海明威竟然真的从他眼前走过。马尔克斯的激动，并不只是景仰，而是觉得他从海明威的手里接过了什么。也就是从这一刻开始，海明威的时代结束了，另一个时代开始了。虽然人们意识到这一切，还要再等10年，等马尔克斯写出《百年孤独》。

在小说里，上校卖掉了家里所有能卖的东西，妻子怕别人知道家里已经揭不开锅，就放了石头在锅里煮。可是上校仍然不肯把那只斗鸡卖掉，他要等斗鸡上场比赛，他认为斗鸡一定能赢。

"那这些天我们吃什么？"妻子一把揪住上校的汗衫领子，使劲摇晃着，"你说，吃什么？"

上校活了75岁——用他一生中的分分秒秒积累起来的75岁——才到了这个关头。他自觉心灵清透，坦坦荡荡，什么事也难不住他。他说："吃屎。"

那只宁可饿死也不肯卖的斗鸡，就是马尔克斯的文学梦。

离开巴黎20多年后，马尔克斯重回他曾居住过的小旅馆。当年走的时候，他身无分文，付不了房租。好心的房东没有难为他，只是祝他好运。现在，他刚刚获得诺贝尔奖，就专门来还这笔房租和多年的利息。可是，房东已经不在了，房东夫人还在。房东夫人流了泪，因为他是唯一记得来还房租的人。她没有收他的钱，她说："就算我们为世界文学尽了一份力吧。"

在我成为几米之前

几米

也许每个人的人生都会有那么一个自己认为过不去了的坎儿，对我来说，这个坎儿，让我成了几米。

我的父亲不会画画，我的母亲不会画画，我的姐姐哥哥妹妹也都不会，从小全家只有我一个人喜欢画画。

我生长在一个完全没有绘画艺术气息的家庭里，关于我会画画这件事，不知该从何追溯。还好我的三舅舅会画画，算是提供了一个源头。三舅舅年轻时是油漆师傅，退休后开始画图，居然从业余变成专业，后来还开了画展、卖了许多画。所以我想，我画图的本领应该是来自母亲这一边的基因遗传。父亲不服气这个说法，曾夸口说他也很会画画，但是这辈子我从来没见过他画任何一张画。

我从小就喜欢画画，课本空白处画满了我的涂鸦。我记得小时候，家里墙上还挂着我小学二年级画的水彩风景画，那是一间有红屋顶的房子，矗立在草原上，天空有白云飘过。但是，小时候，哪个孩子不会画画？哪个孩子不是小画家呢？那个年代，没有人会培养一个爱画画的孩子。画画又不能当饭吃，玩玩就好。

小学时我就没有认真看过小人书，那黑白线条的小人书，从不曾让我着迷。我必须老实承认，我有阅读小人书的障碍，我不知该先看图还是先看文，甚至阅读小人书的方向和顺序都让我迷惑。

高中时，我好像从来没有认真上过什么美术课。

高三下学期，班上转来一位从丙组改念乙组的同学，他告诉我，家里本来希望他念医科，但是他还是决定要考美术系，当艺术家。直到那一刻，我才知道，原来大专有美术系，也才知道考美术系还要加考素描、国画、书法和水彩。

回家后我告诉父亲，我也想考美术系，但要加考的科目我不知道去哪里学。父亲说，他有个同学的儿子，刚好是师大美术系毕业的，可以带我去找他，看看能不能帮上忙。父亲这位同学的儿子，就是后来很有名的大画家——吴炫三先生。

吴先生说他没有在教学生，但是他的老师有间画室，在教学生素描。就这样，我被带去他的老师家，而当时的我并不知道，面前这位看起来很老的老师——李石樵先生，是一位艺坛大师级人物。我就像是个完全没有功夫底子的孩子，忽然变成了武林高手的徒弟。但是这并没有让我武艺增强，原因是我的根基不佳，根本无法吸收。

我跟着老师学了三个月的素描，考试成绩揭晓，没想到素描分数最低，大约是100分中只拿到了40分。反而从来没有学过的水彩、国画拿了超高分，而我连考试要用的国画笔，都是临时跟人借的。只能说我运气好吧，就这样迷迷糊糊地考上了美术系。

我本来就知道自己起步太晚，学习程度不够，进了美术系后，更发觉自己差别人一大截，开始变得很自卑。很多同学、学长都才华横溢，令人佩服。他们常常为艺术的流派争论不休，因为艺术理念不同而翻脸，甚至大打出手，反目成仇。但不知道为什么，我在念书的时候，对这类事情并没有很大的热情，常搞不懂这些同学是怎么了。

因为在纯艺术领域表现平平又缺乏热情，同时考虑到日后的工作和前途，大二那一年，我选择了设计组，学习比较务实的美术专业。没想到，我在设计方面的功课表现优秀，念得轻松愉快。而既然走上设计这条路，毕业后我就进了广告公司，在这个圈子一待就是12年。

我的第一份工作是在广告公司，从完稿开始做起。早年做平面广告，主要是采用照片，然后会有专人把设计的构想画出来，向客户简报，确认过关了，再去找年轻女生拍照。常见的情况是，最初画出来的产品、人物都很漂亮，最后拍摄的结果却不是这么一回事。当时我想，如果可以直接用插画的方式来制作广告，该有多省事啊！

于是，我决定再次拿起画笔画插画。当时并没有想到要去跟谁学，只是自己练习，成天涂涂抹抹，并试着写一些文字。画多了，难免就有了与人分享的念头。

当时有个叫Lisa的同事，看了我的插画，知道我的梦想。有一天，她借走我的作品，冲动地跑去《皇冠》杂志，向杂志社的人诉说我的热情与梦想，没想到居然为我争取到了为杂志画插图的机会。

就这样，我开始了人生的第一次插图工作。

记得一开始接的就是司马中原先生、廖辉英小姐的稿子，他们都是大牌作家，为他们的作品画插图，我觉得非常荣幸。但是等拿到稿费，一幅只有30元，我的心就凉了半截，相较于我在广告公司的收入，真的是太微薄了。

那个时候广告工作繁忙，画插图只是兴趣，几次推辞之后，就再也没有发表作品了。

三年后，一个偶然的机会，我开始与皇冠出版社合作，这一次是替小野先生的书画插图。小野先生的作品卖得非常好，连带我的插图也被大家注意到了。

自从我开始画插画后，好像是为了弥补学生时代的不用功，我努力地吸收各种跟图像有关的知识和观念，找到任何一本杂志，都会仔细翻阅里面的插图，研究线条、用色和想法。

我白天上班，晚上画插画，渐渐地，上班时愈来愈彷徨，在家画画时却越来越觉得有趣。

由于对广告工作越来越力不从心，我将工作辞了，到欧洲玩了一阵子，回国后就快快乐乐地过起了自由职业者的生活。

有一天，我从梦中惊醒，因为右大腿剧烈疼痛。我以为是不小心撞到了，过几天就会痊愈。但是，三天后，腿失去了知觉。

我赶紧去看医生，初步诊断结果是坐骨神经出了问题。

当时，我还有好多稿子得交，即使腿没知觉了，还是咬着牙，坐出租车去交稿。

三个月后，看完病回家的路上，我在街头差点昏倒。我跟太太说，带我去大医院，我一定得住院。当晚，我住进了血液科病房。

做完化验的第二天，医生站在我的床头告诉我我的骨髓里长了不好的东西。我问：“是重症吗？”医生点点头说：“是的。”然后我就崩溃了。

确认罹患重症后，我立即开始接受治疗，并寻求骨髓配对。一开始治疗，呕吐、发烧、昏迷、痛楚、发冷，各种症状就轮番上阵。我曾经天天半夜发冷到一直在床上打哆嗦，连床都被我摇得嘎吱作响。

第一次治疗进行了一个月，结束后，我回家休息了一个星期。随着身体变弱，治疗的时间也越来越长，第二次治疗，我在医院躺了两个月。这段时间，因为免疫系统被破坏，平时的一点小问题，现在都会变成大问题。如果不小心感冒，就可能并发肺炎，一点小伤口也可能造成感染，随时都要被小心翼翼地照料着，这对病人和家属都是莫大的折磨。

这场病，带给我的恐惧实在太大了，大得我无法承受。

第三次治疗，我在医院里住了好久，我好想回家。出院前夕，我突然吐血。我担心如果医生知道，肯定不会放我走，因此硬是把这件事隐瞒起来，办了出院手续。

出院后，没有医生、护士的照料，才是恐惧的开始。每天醒来，都觉得是赚到了。在太太的细心照料下，我们寻求各种能让身体健康的生活方式。慢慢地，我的身体日渐康复，我又开始画画了。

创作帮我忘记对疾病的恐惧，缓解了我的哀伤。

我开始出书，意外地受到鼓励与欢迎。

一晃十多年过去了，这十多年，我变成了专职的作者，出了几本书，这些书去了很多国家，有的书被改编成电视剧，有的书被改编成话剧，有的书变成了卡通片，有的书变成了音乐……

反观：真正地认识自己

✲康辉

今天，可能很多人说起康辉，都会认为我是个“一路坦途的成功人士”。这只是他人对我的看法。事实上，我真正觉得自己被观众认识和记住，真正觉得自己的工作被更多的人认可，是在2008年，也就是我参加工作15年之后。在那之前的15年，我也在认真努力地工作，但就是时机未到，一直没有被观众完全认可。

我经历过，作为一个重大晚会的主持人，参与了所有的彩排，做好了所有的准备，即将迎来职业生涯中一个非常重要的“高光时刻”，却在最后一刻被换下去。

我也经历过，在一些社交场合听到初次见面的朋友礼貌地说：“您好，经常看您的节目。”稍后，彼此都放松和熟悉了，对方又问：“哎，您是主持什么节目来着？”

我还经历过，所有同事都去参加台里的一场重大直播，而我一个人在办公室里孤独地值班留守。

我经历的更大的考验是，2006年6月5日，我第一次在《新闻联播》中出现。《新闻联播》是我们这个行业公认的很高的平台，能够坐上这个主播台，意味着你的业务能力获得了极大的肯定。可是，我只出现了那一天。之后，好像机会就在眼前，而我就是触不到。直到18个月之后，我才又一次真正坐在《新闻联播》的主播台上，而且没再长时间地离开。

一切空想、沮丧、疑虑都是没有用的。更重要的是，如果机会再次来临，你有没有能力真正抓住它。

在这18个月里，我的信念也曾动摇，甚至“怀疑人生”。为什么只经历了那么一次短暂的“认可”就被“打回原形”呢？以后还会不会有属于我的机会？

然而，一切空想、沮丧、疑虑都是没有用的。更重要的是，如果机会再次来临，你有没有能力真正抓住它。

所以，在那18个月里，我转而认认真真去做其他事，那些彼时彼刻能做的事。我做早晨的节目，做每周的周刊，我去出差，我去采访。回想起来，在达到某个阶段性目标之前，一切都是内心的收获，都是经验的积累。哪怕就此与播报《新闻联播》的机会永远错过，至少我努力过；而如果有一天这个机会再次来临，我相信我可以抓住它。

这就是我刚才说到的第一个“反观”：当世界没有给予你完全认可时，你要充分反观自己的长处。

到了2007年，我真正成了《新闻联播》的主播之一，周围又涌来一大片正面的反馈，好像我已经站上了行业的最高平台，到达了人生巅峰。在这样的时刻，我反而心怀忐忑，如履薄冰。我怕自己的能力不足以支撑自己长久地站在这里，我怕自己辜负了这个平台。

我要做的是第二个“反观”：反观自己的短处。比如，我的心理还不够稳定，一旦有意外状况发生，恐怕不能从容面对；而且我的经验还不够丰富，没有经历过最高平台上必然会出现的最大的风浪考验。一个急稿来了，我能否准确无误地播出？一个突发事件需要报道，可能会是前所未有的表现形式，我能否自如应对？如果没有这些反思和持之以恒的进取之心，早早就开始飘飘然，把平台的高度当成自己的高度，把平台的光环当成自己的光环，我可能早就从“人生巅峰”摔下去了。

我上了“热搜”，而且一度冲上第一名，是因为我在《新闻联播》中的一段22分38秒的口播，深度报道“十四五”规划和“2035远景目标”，没有出现失误，一镜到底。很多人对我说，很羡慕我拥有这么一次重要的“机遇”，让更多的人看到了我的业务能力。我却想说，这样的“机遇”背后，其实克服了重重惊险，过程真的很吓人。在它到来之前，你无法预知。而当它出现在你面前，你只有冲上去把它接住，将它完美地实现，事后才可以称之为“机遇”，否则只是一场重大的挫败。

回想那段22分38秒的口播，我觉得自己之所以能够完成，不仅在于我具备专业的能力、稳定的心理，还有很重要的一点，就是我认为自己负有责任。一段如此重要、长达6000字的内容，必须通过《新闻联播》这样一个栏目发布，别无选择。而我在开播前8分钟才拿到完整的稿子，除了靠自己的业务能力，将这条重要新闻准确无误地发布出去，也别无选择。

如果没有长期以来刻印在头脑中的责任意识，面对这样一种压力极大的局面，可能会找各种各样的理由，允许自己犯错误。可在当时，我唯一的想法，就是必须负起我在这个岗位应负的责任。

穿越人生低谷的感悟

雷军

在痛苦中坚持前行，让痛苦来塑造更好的我们，这就是痛苦的意义、挫折的馈赠。

这次我聊三个故事。第一个故事就是，我在非常年轻的时候就遭遇了“产品失败、业务崩盘、公司差点关门”的困境。故事要从30年前说起。DOS时代WPS非常流行，几乎装在中国每台电脑上，金山如日中天。同时微软带着Windows和Office进入了中国市场。我们要尽快研发出新的办公软件，才有机会正面和微软Office抗衡。

初生牛犊不怕虎，我们也没有细想，直接开干，还给项目取了一个气势磅礴的名字，叫“盘古”，我们希望“盘古”在Windows平台上开天辟地，能把WPS辉煌推到一个新的高度。我们干了整整3年，到了1995年4月，“盘古”终于发布了。

生死关头

但谁也没有想到，销量极为惨淡，不及预期的十分之一。我的心态直接崩了，同事们的心情也从云端直接跌落到了谷底。没有办法，我拼命给大家打鸡血，鼓励大家继续奋斗，就这样，我们坚持到1995年年底1996年年初，“盘古”依然没有任何起色。更大的麻烦是，WPS也卖不动了，收入锐减。公司到了生死存亡的关头。

那年我27岁，担任北京金山的总经理，第一次面对这样的困局，有点束手无策。金山这样的金字招牌，“盘古”这么好的产品，怎么可能卖不动呢？我有点想不通，下定决心到一线去把问题搞清楚。我决定亲自去站店卖货。

每个客户进店，我都像见到亲人一样，直接迎上去，热情接待，细心讲解。有时候，一个客户，我能滔滔不绝地讲上半个小时。一遍又一遍，一整天讲了八个小时，讲得口干舌燥，也累得晕头转向。

如此辛苦的一天，业绩如何呢？一套都没有卖出去。

“一定是运气不好”，我给自己打气。第二天，同样八个小时站下来，还是一套没有卖出去，我就有些蒙了。到了第三天，依然颗粒无收。

第四天，我干脆就不卖货了。干什么呢？跟着店里最好的销售转了一整天，还真学了不少东西。比如说，我一见到客户，就会滔滔不绝，而他的话并不多，他会先听客户的想法，再顺着客户说。我懂技术，总是希望把技术讲明白，反而容易把问题讲复杂了，而他总是拿着产品或者宣传页，三言两语，客户就明白了。

第五天，我一边琢磨一边练，逐渐找到了跟客户沟通的感觉，自信心也开始恢复了。第七天，我居然成了店里的销售冠军，太不可思议了！

这七天的站店卖货，我学会了：作为一个工程师，一定要做用户需要的产品，而不是做那些只是看起来高大上的产品。只要能做出用户想要的产品，销售就不是问题。有了这样的顿悟，再做产品就容易了。后来，我们陆续发布了金山词霸、金山毒霸等十多款成功的软件。就这样，金山找到了活下去的路！

但我自己却陷入了新的迷茫，开始了我人生最灰暗的一段时期。

迷失彷徨

那时候，我一直沉浸在“盘古”失败的情绪中，非常低落。4 月底，直接交了辞职信。求伯君（金山软件创始人）反复挽留我，最后决定，让我先歇半年再说。面对这样的人生逆境，问大家一个问题：你们是如何解压的？当时，我的方法就是经常和几个朋友去泡酒吧。

很快，我就找到了更有趣的事，那就是 BBS。上 BBS，可以自由自在地和远方朋友交流，这在当时是件非常神奇的事情。就这样，我找到了新的寄托。

那时候，在论坛发帖，要求还是蛮高的。大家都是拨号上网，上网费特别贵。如果你总是发水帖，就一定会被痛骂的。当时我有足够的时间认真准备每条帖子。而且我有个特别大的优势，就是打字超快，多的时候一天就能写一百帖。

帖子写得多了，我就成了版主。版主“官”不大，事还不少。首先自己要发帖，接着要拉一大帮朋友来玩，还要负责搞气氛。为了当好版主，我经常早上 7 点就开始上网，一直忙到凌晨，好像比上班还累。不过，过得非常充实。

这半年，我没有任何目的，非常纯粹地玩，玩得也特别开心。多年以后，我才明白了这段经历真正的价值。

2010 年我创办小米，第一步要先把论坛做好。我们非常顺利，不到一年就做成了最火的手机发烧友论坛。怎么做到的？其实没啥，就是靠当年玩 BBS 当版主时学会的那几招。

沉浸在论坛的这半年时间里，我逐渐恢复了状态。1996 年 11 月，我结束了半年假期，正式回归了金山。

主要原因，还是放不下民族软件这份光荣与梦想。我们下决心，要跟微软打一场“持久战”：一边在办公软件的正面战场和微软死磕，一边做各种应用软件和游戏，赚钱养家，以战养战。

错失互联网

就在我埋头重整金山的时候，外面的世界已经天翻地覆：大洋彼岸，网景 1995 年上市，雅虎 1996 年上市……互联网的第一波浪潮已经蓬勃发展。很快，国内也开始了，1997 年网易创办，1998 年腾讯创办，中国互联网第一波浪潮汹涌而至。

而我忙着做软件，不知不觉，与这一波浪潮擦肩而过。直到 1998 年 10 月，我才真正意识到这波浪潮已不可阻挡。我说服董事会，我们可以采用收购方式快速出击。我认真谈过的收购只有一家，就是网易。那时网易成立一年多，公司大概五六个人。我开出了 1000 万元的价钱，但丁磊很快拒绝了。仅仅两个月后，网易就融到了 1000 万美元，估值达到了 6000 多万美元。

收购不成，我们只能自己干。试了差不多一年，对互联网业务有了一定的认知。当时，我以为自己完全搞明白了，“互联网就是工具，未来所有的公司都会用的，电商最有前途”。

2000 年 5 月，卓越网正式上线，在网上主卖图书和音像制品。

这次我信心爆棚，志在必得，力主自己掏钱干。就在这时，全球互联网泡沫破灭，进入了资本市场的寒冬。这样的局面也没有动摇我们的决心，第一笔大约 2000 万元的投入，全部来自金山股东。

电商的本质还是零售，我把当年站店的经验全部用上了，同时，我们在管理上也下了功夫。电商的核心就是运营，需要非常认真地把每个细节做好。我们从零起步，两三年时间，就成为当时最大的 B2C 电商。

卓越网的业务非常顺利，困难只有一个：钱不够。电商平台实在太烧钱了。全球互联网泡沫破灭后，资本市场低迷，融资非常困难。我们至少谈了 30 家，没有一家愿意投钱。后来，实在没有办法，才从朋友那里融了 100 万美元，金山股东不得不又追加了 100 万美元，才勉强完成融资。但仅仅一年时间，又烧光了。

卓越网的创业历程，就是我们拼命找钱的过程，相当煎熬。

到了 2004 年 9 月，实在熬不下去了，我们只能忍痛把卓越网卖给了亚马逊，成了亚马逊中国。

很多人问过我，卖掉卓越网，后不后悔？我咬着牙说，不后悔。卖掉卓越网，对我来说，是一次重创，内心无比痛苦。

在那段痛苦的煎熬里，我反复问自己，我们到底输在哪里？好像运气特别差。首先，一上来，我们就输在起跑线上了，错过了最好的时机。接着，我们融资能力不足，没有资金也没有信心坚持到胜利到来的那一刻。

创业，确实需要运气，需要对大势的精准把握。这也是后来我特别强调“风口”的原因。过了大半年时间，我才慢慢缓过来，彻底想明白了一些东西：“互联网不仅仅是一次技术革命，更是一次观念的革命；未来互联网将融合到各行各业。”

永远相信美好的事情即将发生

今天跟大家分享的是三个我经历人生低谷的故事。面对这些挫折、失败，我也迷茫过、动摇过，甚至放弃过。如果没有这些挫折，没有这些挫折带来的积累，就不会有今天的我。没有任何人会喜欢挫折、失败，但每个人不可避免一定会经历，甚至，不少人现在正在经历。

既然这些痛苦难以回避，那我们能做的，就是直面这些痛苦，在痛苦中坚持前行，让痛苦来塑造更好的我们，这就是痛苦的意义、挫折的馈赠。而你所经历的所有挫折、失败，甚至那些看似毫无意义、消磨时间的事情，都将成为你最宝贵的财富。人生很长，无论如何，让我们保持信念：永远相信美好的事情即将发生。

困境中的莫奈

✽张佳玮

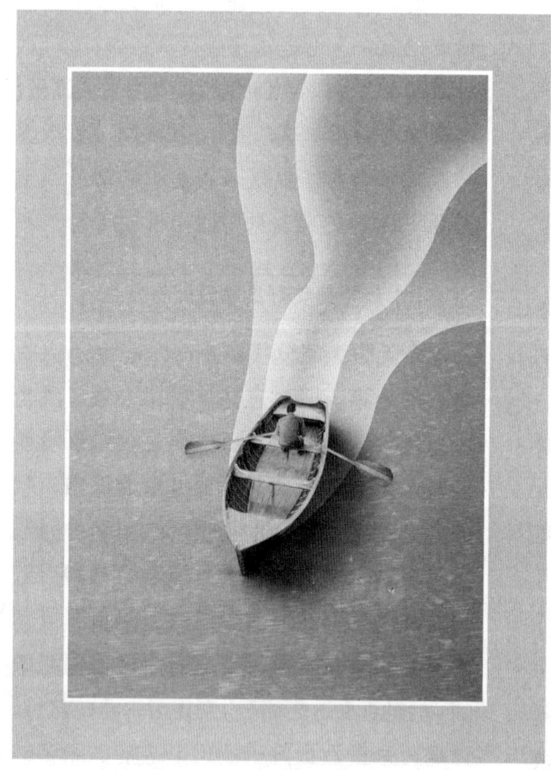

在这一切困境里，莫奈从来没有考虑过向命运投降，一步一步地，探索属于自己的风骨。逆境之中，逆流奋斗。

1866年至1867年，莫奈完成了《花园里的女人们》。他当时只有未婚妻卡米耶一个模特，怎么画“女人们”呢？嗯，那就让卡米耶先后扮演3个女人吧……实际上，模特还不是大事。为了他偏执的“户外完成”理念，这幅255厘米长205厘米宽的大画，他是挖了条壕沟、嵌进画的下半部，才画好上半部的。为了等候阳光，他可以坐着傻等半天。当阳光来到，他就用大号笔，以迅速的笔触来完成厚涂层，靠不透明的厚颜料来表现光影。

这是莫奈第一幅独立完成的大幅户外光影作品。虽然比起莫奈后来的画作，这幅画的色调不够明亮而丰富，但至少，他已经能画出阳光的效果了。

同样1867年，《圣阿德雷斯的花园》完成。在这幅画里，莫奈尝试了“户外光＋分色”技巧：他的目的，永远是把握“当时所见的一切”。湿润的环境、干燥的空气、无云的天空、雨后的彩虹、大海与地平线、炊烟、雾气、雨水，一切都在闪耀和流动，而光线覆盖于这一切之上。莫奈在户外的漫长劳作，是为了看到阳光覆盖的一切。他的法则是使用明亮的颜料，使油彩淡化，多用灰色或棕色来代替黑色的反光。

而更进一步，如何使颜色产生流动、颤抖、摇曳的细腻感觉？你尽可以像涂油漆一样，给画抹上重色调，但莫奈不愿意欺骗自己的眼睛。布丹和容金德都用过一种技法：丝丝缕缕，将颜色并配在一起，形成一种互补的美丽。在《圣阿德雷斯的花园》里，莫奈就是这么做的：他用短而小的笔触，犹如树影间隙的阳光一般，洒在画布上。比如，为了一丛花，他就可以放下红、黄、深绿、浅绿、灰、白、青等种种颜色。这般细腻的笔触，与他“当场完成”的高速要求，形成了极大的矛盾。

但他到底，是在一步一步地，探索属于自己的风骨。

可是这两幅作品的完成，没给他带来什么收益。实际上，此前在沙龙的成功，除给他带来些“青年画家颇有潜力”的廉价评论之外，并没带来金币或现钞。1866 年莫奈回勒阿弗尔作画，一半也是为了躲避债主。据说，他有超过二百幅画没来得及带走，虽然莫奈临走前把画毁了，但还是被债主拿走，按捆卖钱，以抵其债。在故乡，莫奈找不到合适的画布，于是他通知好哥们巴齐耶：“年底，拜托你，把我留在巴黎的那些画，送一些来！”

巴齐耶照办了。莫奈遂将画布上的颜色刮掉，在画布上进行二次、三次创作。巴齐耶看不下去了，提出要求：“我给你 2500 法郎，你把《花园里的女人们》卖给我吧！”如果这段话还不够兄弟的话，下一段话才见真情：“可是我只能按月付，每月给你 50 法郎……”和莫奈一样，巴齐耶那时也是个穷光蛋。唯其如此，这穷帮穷才显得够义气。

老莫奈当了一段时间的慈父，发现儿子缺钱，儿媳妇卡米耶又不是贵族千金，心头火起：成名的画家还是穷啊！咸三淡四地递话之后，莫奈只好让卡米耶留在巴黎——这本无妨，但是卡米耶这时怀孕了。1867 年 7 月，卡米耶给莫奈生了第一个儿子，可他都没钱去看母子俩。

巴齐耶的义气深重，可是没打动上头。1867 年，正逢巴黎世博会，官方决定整饬整饬：有外宾，得谨慎，不能让花里胡哨的新派艺术家，失了法国的体面。所以这一年的沙龙不只莫奈，库尔贝、马奈、西斯莱、毕沙罗这些老老少少的愤怒青年，集体落选。

库尔贝和马奈境况尚可：他们已经有了声名，哪怕不能参加沙龙，他们还可以自力更生，开个私人展览，也不愁没人捧场。何况马奈家底殷实，落魄了也够潇洒。可是对莫奈、雷诺阿、巴齐耶、西斯莱 4 人而言，这境况煞是艰难，他们需要跟个大集市大舞台，才能展出自己的作品，再将作品卖出去。这一落选，日子怎么过？

尤其是莫奈。他刚获得了成功，理应获得上升的路径，却被命运一下关死。他比谁都清楚，公众的趣味变化无常。“青年天才画家”？这个词靠不住。年轻是最经不住时光的，再过三五年，新的趣味浮现后，他就会变成“前青年天才画家”了。

但莫奈已经发了痴。画了《花园里的女人们》后，他找到了光线的感觉；完成《圣阿德雷斯的花园》后，他已经忍受不了单调的色彩了。对那幅曾带给他声名的《卡米耶》，他如今觉得“颜色太暗淡了”！

不只是《卡米耶》，当世的一切画，他都开始嫌淡嫌粗，无法与每天目睹的自然相比。他进入了一种光明的境界，目醉神迷，忘记了其他的一切。1867 年，他在巴黎的时间，总和雷诺阿一起在卢浮宫的一处阳台作画，著名的《公主花园》就是那时画成的。这幅画在多年后被认为“记录了奥斯曼时代的巴黎”，但在 1867 年，这画还卖不出大价钱。

为了躲债，莫奈也会待在诺曼底。他

写给巴齐耶的信里提到："我在家蹲了15天……我为我的每一笔作画而高兴……我有二十来幅好画进行中：海景啦，花园啦……"但这些都无法兑现为钞票。1868年，他给巴齐耶写信，提到"我被旅馆赶出来了"。他在巴黎无处可去，甚至起了跳河自杀的念头，虽然只是一瞬间而已。

1867年秋天以后，情况略好：勒阿弗尔的船东高迪贝先生出手帮忙，作为回报，莫奈为高迪贝夫人画了像。稍微宽裕些，他又高兴了。他给巴齐耶写信："我被我所爱的一切包围着。我在露天里度日……然后是阳光，我亲爱的朋友，还有我美好的小家庭……多谢勒阿弗尔那位先生的帮助，我过着最宁静的生活，而且希望一生都如此度过。"

令人震惊的是，在这一切困境里，莫奈从来没有考虑过向命运投降。他甚至把自杀都列到了计划里，但就是不愿意画些违背心志的事物。库尔贝有那句著名宣言——"我希望永远用我的艺术维持我的生计，一丝一毫也不偏离我的原则，一时一刻也不违背我的良心，一分一寸也不画仅仅为了取悦于人、易于出售的东西。"莫奈没说过类似的话，他只是倔强地活着，绘画，用行动展现了库尔贝这句话的精神。1868年，因为眼睛问题，他的户外操作减少了，开始画些室内的静物。

贫穷的折磨让他多加思考。他变得沉静了，清澈了。当初在格莱尔画室的那个激进青年，如今把嘴埋在胡髭之间，坐在盖尔布瓦咖啡馆里，听他的朋友们说话。那是19世纪60年代的最后几年，他的朋友们已经有了自己的想法。雷诺阿虽然在1864年已经办过画展，但依然没攒起钱，可他依然高高兴兴，谈论他关于户外人体皮肤的心得。毕沙罗说他最近在日本版画上很有心得，认为那些东方配色沉静而稳定，"不会跳进眼睛里"。冬天，莫奈、西斯莱和毕沙罗开始钻研冬天的一切：冬日阳光与夏季阳光的区别，雪在夕阳下泛出的橙色与蓝色……雷诺阿经常从家里带了面包来给这些穷困青年共享。1866年至1870年这些年，盖尔布瓦咖啡馆里，聊出了一大片影响未来艺术史的友情。

世上最大的鼓舞，莫过于逆境之中，身旁有一群同样鲁莽但天真的人，一起逆流奋斗。1869年，莫奈开始研究水。他已经研究过了阳光、天空与云。他也画过海景，但那都是与风浪混同的一切。1869年，莫奈画了《格雷鲁伊尔浴场》。这幅98厘米长73厘米宽的画里，莫奈用活泼细碎的笔触，描绘了波光粼粼、水纹荡漾。倒影、人群、树木、云翳、天空集于一处，他成功地使画中的水波流动了起来。同年，在《塞纳河的傍晚》中，他以豪迈雄浑的笔触把握住了夕阳与晚霞的色彩，并将被暮色侵袭的原野、被夕照染成橙色的流水、河上形单影只的游船，一一勾勒。他将大量的蓝、紫、红、黄混合在一起，让本该是暖色调的阳光浸透了夕暮的凄冷。

在技术达到烂熟的时候，莫奈进入了一个大巧不工的写意境界。1870年，莫奈30岁，他跟卡米耶正式成了亲。他们搬去了图鲁维，也就是布丹常画海景的度假胜地。莫奈在那里完成了《在图鲁维海滩上》——卡米耶在画里，梳着辫子，身着蓝条纹白衣，背朝大海坐着。这是幅小画，画的是他们在一起以来，最悠闲的时节。

但这一切被中断了：战争开始了。

第一个葬在月球的人

✽马倩茹

为了心中的梦想，他们全然不顾，在所不惜，最终历史的天空留下了他们那闪闪发光的名字。

尤金·舒梅克是美国著名的天文学家、出色的天体地质学家，他和夫人一生共发现了32颗彗星和1025颗小行星，他一生都致力于研究月球内部的地质活动，也被称为“天文地质学之父”。

尤金·舒梅克1928年出生在美国，从小痴迷于矿石的收集，总是好奇地想：地球上这些不同形状、不同颜色、不同材质的石头来自哪里？除了地球，别的星球上会有怎样的石头？他真想“上天入地”去看一看。

22岁时，天赋异禀、勤奋好学的尤金·舒梅克拿到了加州理工学院的硕士学位，并且成功地进入美国地质调查局，开始辗转于地球上各种各样的陨石坑，研究它们的构成。这样近距离地接触陨石坑，让他充满了快乐。

1961年，尤金·舒梅克创立了美国地质调查局的天文地质学研究计划，开始了人类对天文地质的研究，同时他还参加了美国宇航局的月球探险计划。

没过多久，尤金·舒梅克就被选中

成了阿波罗探月计划的候选人。登月，是每一个从事航天事业的人，甚至每一个地球人的梦想。

尤金·舒梅克激动极了，全力以赴投入训练，如果一切顺利，他将会是第一个登上月球的地质学家，他可以亲自走上月球，亲手去敲那些只能在图片和电脑屏幕上研究无数次的陨石坑了！

眼看着儿时“上天入地”的梦想就要实现了，但万万没有想到，在一次体检中，尤金·舒梅克被检查出患有艾迪生病，他这个病是先天性的，无法治愈。

尤金·舒梅克的宇航员资格被取消了，他这辈子都无法登上月球了。儿时的梦想彻底破碎，他的遗憾和悲伤无法言说！

舒梅克将登月的渴望埋藏于心底，他一边进行其他行星的科学研究，一边负责在巴林杰陨石坑和落日火山口训练宇航员。

他尽职尽责讲解有关登月的知识和细节，手把手地指导宇航员如何在月球上寻找和鉴别有价值的月岩，他把自己永远无法实现的梦想寄托在年轻的宇航员身上。

1969年阿波罗号登月圆满成功，宇航员培训计划停止了，尤金·舒梅克又开始日复一日地观测天体，继续研究月球上的环形山，以及月球内部的地质活动。

1993年，尤金·舒梅克和妻子还有科学家戴维·列维一起在美国加州帕洛玛天文台观测近地天体时，无意间发现了一颗特殊的彗星，那是一颗将要撞上木星的彗星。这一发现，让人类见证了彗星撞击行星的奇观，这颗彗星也因此被命名为舒梅克－列维彗星，舒梅克随后成了家喻户晓的名字。

这时候的舒梅克已经年过六十，他还是满世界跑，研究各种各样的陨石坑。1997年在澳大利亚进行一项观测月球环形山的考察任务时，他不幸车祸罹难，享年69岁，这让所有认识他的人都无比震惊和悲伤。

尤金·舒梅克生前曾经说，他这一生最大的遗憾就是没有机会亲手敲敲月球上的岩石。

为了纪念这个从小想“上天入地”的天文学家，美国宇航局决定把他的骨灰送上月球，完成他最后的旅途。

尤金·舒梅克的骨灰被装在一枚聚碳酸酯胶囊里，由月球勘探者号在1999年带上月球，永久地埋葬在月球上。

在小胶囊外层的金箔上，刻着舒梅克在美国宇航局的同事，卡洛琳·波尔科教授为他撰写的“月葬”铭文：这是第一个在地球以外的天体永远安息的地球人。

金箔上还刻着莎士比亚在《罗密欧与朱丽叶》中的诗句：“在他死后，把他切碎成漫天繁星，他会照亮天堂的美好，人类从此会爱上夜晚，不再崇拜灿烂的艳阳。”

人生何处不低谷

✽刘同

低谷，这个词若出现在现在，说明你在停滞。

有一种孤独是四周的一切都暗了下去，看不清周遭，先是恐惧，然后归于平静。这时，突然可以听清空气的流动，开始看得见自己过去的每一步。这种自省的孤独，胜过一切鼓励。

“我曾经就住在一个几平方米的地下室，可苦了。”

“当年我的工资一个月才 900 块，但是我没有放弃。”

“那一次，我的手都冻僵了，后来花了三个小时才渐渐恢复知觉。”

好多朋友，说起过去的事情，泪光闪闪，轻易就能感染倾听者的情绪。

大伙儿跟着一块抽泣，骂自己和对方比起来简直不是人。

大伙儿一起鼓掌，反省自己为什么仍然不能成功。

读大学时，有个舍友每天垂头丧气，你稍微对他表示一下关心，他就说自己陷入了情绪的低谷、人生的低谷、学业的低谷。一开始你会很认真地把他口中的低谷当回事，可后来你突然发现他可能只是把“低谷”“瓶颈”“郁闷”“心情不好”等,都当成了语气助词来使用，没事就挂在嘴边，连睡个午觉，“人生低谷”这个词都能从嘴边当口水流下来，溅过路者一身。心情不好能叫低谷吗?

还有一些人，为了避免低谷，就用幸福的山头去填满一个又一个的低谷。宿舍条件不好，就拿了一笔钱出去住公寓。毕业要找工作了，托个关系就有了铁饭碗。怕谈恋爱受伤害，父母安排一次相亲就把自己给推销出去了，事事平顺，人生一马平川，人生没有任何能拦得住他们的地方。只是这样的人生，没有山峰，没有低谷，一眼望到头，只有一条大道通向生命的尽头。

年轻的我们常常分不清什么是情绪不好，什么是境遇糟糕，什么是工作瓶颈，什么是人生低谷。或许在成长的道路上，我们各有各的遭遇，但谁也不知道那是我们人生当中的哪一段。

我有个朋友，性格像极了许三多，面对任何困难，眼皮都不眨一下，心里认定了一个目标，就跌跌撞撞地前进。他一直想自己做一家公司，一开始做杂志倒闭了，欠了好几百万。后来做公关，积累了一堆关系，却也没赚到什么钱。来来回回一路折腾，朋友们都在背后笑话他的人生挫折，他笑着说没关系，起码每一次失败他都找到了原因，所以他觉得那不过是成功到来前的试运行而已。

过了几年，他转做品牌代理，把过去几年的关系与资源整合在一起，第一年便赢利还债，成为圈内品牌代理的佼佼者。

说起过去欠了很多钱的日子，他摇摇头，说自己丝毫没有觉得到了人生低谷。他说在他的脑子里，没有低谷这个词，所有的艰难，都只是去山顶必经的上坡路而已。

如果你停止，就是谷底；如果你还在继续，就是上坡。这是我听过关于人生低谷最好的阐述。

多数成功者，都具有一种钝感力。他们不会被糟糕的环境影响，他们内心永远有一件值得沉迷与付出的事，这种钝感力足以打败比他们更聪明的那些人。

我们总会看见那些成功的人去分享他们过去的种种不堪，关于曾经，他们感慨连连。并不是他们在炫耀，而是在当时的处境里，他们根本来不及感慨，直到今天站在岸边，想起过去才能安心说一句：那时，确实是一个低谷。

低谷，这个词若出现在现在，说明你在停滞。若你坚持爬坡，这个词一定会出现在你回忆的时光里。

总统格兰特的逆袭

✲雾满拦江

人生除了坚忍、执着、勇气、责任与决不放弃的努力，其余皆是空。所有人都是这个竞技世界的业余选手，那些事业有成的人全靠死撑。

我们读到的名人传记多是假的，但有些大人物的真实经历会让你在惊愕之余若有所思。

他是美国人，1822 年出生（那一年林肯才 13 岁，正在一条河上当纤夫）。他学习成绩差，除了骑马，什么都不会。他的父亲很愁，后来终于想办法把他送到西点军校读书。

他在西点军校的成绩不算太差，全班 39 个人，他的毕业成绩排在第 21 名。毕业后，同学们各显神通，纷纷晋升，除了他。他琢磨留校当个老师什么的，校方断然拒绝。那就想办法谋个骑兵部队的差事吧，因为他马骑得好，可这个希望也落空了。最后，他成了一名步兵。

这时，他遇到了爱情——他看上了同学的妹妹。这个姑娘相貌平平，但是对方家里坚决反对，认为他配不上自家的女儿。幸亏姑娘心里有主意，两个年轻人就订婚了。

之后，美国和墨西哥打了起来，他跟着大队人马上前线。这场战争打得磨磨叽叽，他的部队被困在一片野马出没的地带。野马？他灵光一闪，果断斥资，以每匹三美元的价格买了一大群野马。如果这些马以每匹六美元的价格出手，他就能赚一笔钱。看着这群野马，他幸福地入睡了。第二天，他醒来后伸了个懒腰。咦，马呢？荒野上一片寥落。原来是野马在他睡觉时跑了……

战争期间，有四名军官“轰”的一声全被炸死了，于是他很快接到了晋升的消息。战争结束了，他启程前往华盛顿，但不是去受勋，而是向当局辩白：他买马的钱真的不是公款……

战争已经结束，他失去了晋升的机会，还被人怀疑是小偷，于是决定不干了。32岁时，他回家务农。过了几年，他无奈地向父亲求助，父亲让他在家里的杂货店帮忙。来来往往的客人在店里谈论着南方拥奴派与北方废奴主义者的激烈冲突，他一声不吭，面无表情。

后来林肯签署废奴令，战争爆发。他父亲赶紧写信给官方，要求让儿子去参战。39岁的他回到部队，但只是一名普通士兵。

一个八竿子打不着的参议员实在看不下去了，给他弄了个少校当。当了少校后，他才惊恐地发现自己被坑了——他的对手是南方军凶名赫赫的托马斯·哈里斯，军队人数跟他的不在一个数量级。显然，这是场送死之战。

战役打响了，部队冲上去了，他却瘫在一棵树下，等着自己的部队全线撤退，等着凶猛的哈里斯将军把他们像捏蚂蚁一样全都捏死。可等了好久，前线来了个通讯员："报告少校，我方胜利了。"

不可能！对方可是托马斯·哈里斯呀！通讯员也纳闷，说："他们比咱们还害怕呢，远远地见到咱们，吓得疯了一样，鬼哭狼嚎地拼命狂奔，我们追都追不上……"

瞬间他明白了，托马斯·哈里斯一介胆小鬼之所以被描述成恐怖煞星，是因为所有人都被吓坏了。战争或人生，对每个人来说都是陌生的，区别在于格兰特承认自己不懂，而别人总喜欢不懂装懂。

经此一役后，他根本不听上面的命令，想怎么打就怎么打。他知道军方高层的那些书生不过是不懂装懂，闭眼瞎蒙。接下来的几年，他在战场上取得了一连串胜利。43岁那年，他击败南方名将李将军，轰动天下。

总统林肯被刺杀后，继任总统因故被迫下野，于是他成了总统。届满之后，他继续竞选。美国权威媒体评述称，他之所以再竞选总统，是因为离开了白宫，他不知道自己还能干点啥。第三届总统竞选时他又跟着搅和，但是失败了。那么接下来去干点啥好呢？他儿子怂恿他做投资。于是他进入华尔街，结果历史上最著名的庞氏骗局就是从他的合伙人开始的，他因此负债累累。

后来有出版商找到他，说："老兄，要不你把自己的人生经历写出来吧，准能大卖。"他答应了。因为真实，《格兰特将军回忆录》这本书疯狂热销，成为当时美国排名第一的畅销书。美国人曾这样教育孩子："想要了解自我、了解人生吗？去读读总统格兰特的传记吧。"

如果你感觉到力不从心，看看格兰特就知道，总有人比你更迷茫。你感觉自己好无力，那只是因为你误以为别人胜券在握，误以为别人强大无敌。但格兰特总统告诉你，人生除了坚忍、执着、勇气、责任与决不放弃的努力，其余皆是空。所有人都是这个竞技世界的业余选手，那些事业有成的人全靠死撑。

不认命，就拼命

✻韦娜

前方的路谁也不知道会遇见什么，若不拼命坚持，黑暗就依然摆在眼前，唯有穿过那茫茫黑暗，才有可能看到光亮。

1

每次路过那家五星级酒店，我总会想起设计总监薇薇，和她一起做这家五星级酒店的配饰设计时，真的很辛苦。

那时，我们总在加班，有时连续熬通宵，太晚了就直接住在装修的酒店里，就这样一直干了三四年，直到那家五星级酒店装修完工时，才觉得付出的一切都值得。我们深深呼出一口气，所有的委屈和辛苦也随风而去。

竣工当天，酒醉到深处，服务员端上来意大利面，向来走女汉子路线的薇薇突然矫情起来："啊，这些年胃口好得很，什么都能吃得下，唯独吃不下这意大利面啊……"

2

薇薇学服装设计，本科毕业后曾前往法国读研，每每回想起法国，她记忆里最多的不是浪漫和悠闲，而是紧张与不安。三个月过后，她发现学业难以完成，法语真的难以说好，再加上很缺钱，摆在她眼前的只有两条路：一是回国，一是硬扛着活下去。

她选择了后者，除了学习，剩下的时间就是一个人闷在餐厅打工，只为赚钱和学口语。最初她总是服务不好，比如记不准菜单，送错餐，总有顾客投诉，老板训斥她，她却苦中作乐，然后急中生智找到解决的办法。每当觉得撑不下去时，她就想："啊，最起码有钱拿，口语也提升了啊，这算苦吗？"

生活最难的时候，应该是隔壁一起租房子的中国女孩为了安逸的生活匆匆嫁人了，薇薇那个月的房租交不上，为了躲避房东，一连几日流落街头，白天在餐厅打工时，实在太饿，眼神总瞟向那最爱的意大利面。

那晚，她干完一天工作回家时，餐厅老板的母亲特意为她做了一份意大利面，老太太说，每个人活着都不容易，她感谢薇薇这段时间的努力工作，想提供给她一个福利，晚上打烊后可以住在餐厅里，但早晚多一项任务，得把餐厅打扫干净。

薇薇拼命点头，忍住了打转的眼泪。打包回来的最爱的意面就搁在那儿，却吃不下。那感觉就像你能咬牙吃很多苦，你能步行走千里路，你能吞下各种委屈，可最怕有一天有人给你关爱，心疼你。

她擦干眼泪，也就是从那时开始，她不再羡慕隔壁放弃学业匆匆嫁人的女孩，不再自卑于自己的口语，不再在意同学怎么看自己。每天晚上回家后，虽然特别劳累，但她依然能静下来看会儿书，享受一个人的夜晚，想家的时候会一个人数从餐厅里赚的钱……

一开始觉得很苦的日子，慢慢觉得也不错，一开始觉得充满挑战的生活，后来终于游刃有余。

而最终，她也拥有了研究生学历。同样有两个选择摆在她的面前：可以风光地留在法国，去做一份体面的设计师工作，也可以更风光地回国去做设计师。

踏上归国的路时，她突然想到最初来法国那个拿着词典四处问人的自己，那个在回国还是留下来之间徘徊纠结的自己，一瞬间各种滋味浮上心头，多么庆幸啊！

当时她就那么硬挺着走了下来，幸好没有听信室友那句“命运的安排”而匆匆嫁人，或逃离法国。

3

当时的咬牙坚持，大概就是为了此时的自由。因当时没有向命运妥协，此时才有机会选择自己更想要的生活。

前方的路谁也不知道会遇见什么，若不拼命坚持，黑暗就依然摆在眼前，唯有穿过那茫茫黑暗，才有可能看到光亮。

就像我的大学同学倩倩。她被我们称为服装设计界的“劳模”。一日，等客户时，她不小心坐在沙发上睡着了。我们不忍心叫她醒来，等她醒来后，她内心十分不安，连说抱歉，说幸好赶在客户来之前醒了。

我们都知道，她这段时间生意不好，每天只睡三四个小时，又要起来工作，这个工作量是一般人都无法承受的，她却很珍惜每一单单子，不仅因为钱，也因为热爱。

并不是没有累到想哭，或绝望到想哭的时候，只是用那点时间去伤心，还不如睡觉。面对现在生意不好的境遇，她也能苦中作乐：“以前吧，我接不到单子，那时才是生活的悬崖啊！”

也许，每个成年人的生活都不容易，很苦的时候，你只能硬扛着，却无其他办法。若有一日拥有光明时，你才能意识到这段咬牙硬挺的时光真是难能可贵。

以前，每当听到身边的人抱怨生活的不公平时，我总会安慰他们。如今去了很多偏远的城市进行公益演讲，见了很多在贫穷中挣扎的人们，看到他们依然在为生活打拼，看到那些孩子纯净的眼睛，我真的觉得我们不应再有抱怨。

我们攻克不了的事情，其实并不是命运的安排，就像常言所说：命是失败者的借口，运是成功者的谦辞。毕竟，任何拿命运来当挡箭牌的借口都是逃避的方式，总有一天，你亏欠生活的，还会再走上一遭。

所以，不认命，就拼命，拼了命，才能尽兴，才能有回忆可品味，毕竟谁也不想得过且过，我们都不想要一眼就望到头的人生。

只有拼命后，才能看到更多的风景，才能明白笑着流泪，远远强过哭着后悔。

总有一天，我们都会懂，只要启程，就别在意背负，拼了命，就不能停下脚步。

兴趣成就的艺术大师

✽侯国平

齐白石是穷窝子里长大的，他只上了不到一年的私塾就辍学了。然而，就是这短短的不到一年的读书时光，让他培养了一种兴趣，那就是画画。

1864年，齐白石出生在湖南湘潭乡下一个叫杏子坞的小村庄，那时家乡有种风俗，凡是产妇的房门上，都要挂一幅雷公神像，据说能保佑平安。这种雷公像画得很粗糙，多是乡间的画匠用朱笔在黄表纸上画的。齐白石五岁时，家里添了二弟，就挂了这雷公像，他觉得很好玩。齐白石八岁时上了私塾，隔壁的同学家也挂上了雷公像，齐白石忽然心血来潮，越看越有趣，就想模仿着画一画。他跟同学商量好，放学后就来到了同学家，对着挂在房门上的雷公像，就在写字本里的描红纸上画起来，刚开始总也画不好。齐白石就灵机一动，想了个办法，搬了一个高脚木凳，用一张包过东西的薄纸覆在画像上面，用笔勾影，画好一看，还算满意。同学也说好，就又画了一张，送给了这位同学。

没想到隔壁的同学拿着那张雷公像到蒙馆里一宣传，班上的同学都夸齐白石能画，称赞他是未来的大画家，这给了齐白石满满的信心，从此一颗爱画画的种子，就在他的心里扎下了根。

齐白石受到同学们的鼓励后，一发不可收。他不仅画雷公，还画花鸟虫鱼、飞禽走兽，凡是目光所及之物，他都要画。所以，他的写字本

齐白石全凭自己的兴趣和不断练习，走上了绘画的道路。多读和练习，才是文学艺术成功的道路，舍此无他。

里的描红纸就越撕越少，往往是刚换了一本新的，过不了几天就被撕完了。事情被齐白石的外祖父发现了，他就训斥道："不能只顾玩，不干正事，你看看描红纸浪费了多少。"接下来还会给他讲大道理，一粥一饭当思来之不易，半丝半缕恒念物力维艰。齐白石表面上听从，私下里还是偷偷地画，他想画画的愿望强烈得很。

没多久，齐白石辍学了，他要在家挑水、种菜、扫地、打杂，还要帮忙照看两个弟弟，画画越来越少了。眼看着兴趣的种子就要被沉重的生活抑制时，命运向他伸出了援助之手。

齐白石十五岁那年，父亲看他身体弱，力气小，田里的活儿实在干不了，就让他学了一门木匠手艺。齐白石学的是上梁立架粗木活。有一年秋天，他和师傅收工回家的路上，遇上三个迎面走过来的木匠同行，师傅侧着身子，站在路旁，满脸堆笑地向他们问好，等他们走远时，才继续赶路。齐白石就问师傅："他们是木匠，咱们也是木匠，为啥要对他们低三下四呢？"师傅说："小孩子不懂，我们是大器作，做的是粗活儿，他们是小器作，做的是细活儿。细活儿这种手艺，不是聪明人，是一辈子也学不成的。我们怎敢和他们平起平坐呢？"

齐白石听后，下决心要学小器作，后来就向父亲说了自己的愿望。父亲同意了，十六岁那年，就让他拜了一个叫周之美的细木匠为师，从此开始了细木匠的学徒生涯。齐白石的绘画兴趣和精雕细琢的细木匠活儿结合在了一起，齐白石越干越起劲，很快成了闻名乡里的雕花匠。

齐白石十九岁那年学成出师，正式开始了细木匠的江湖生涯。二十岁那年，他在一个雇主家中，看到一部《芥子园画谱》，爱不释手，他仔细看了一遍，才发现自己以前画的东西，实在要不得，画人物不是头大了，就是脚长了，画花卉不是花肥了，就是叶瘦了，如果较起真来，似乎都有小毛病。

齐白石一下子找到了自己的不足，他就把《芥子园画谱》借回家中，晚上收工后，用松明为灯，照着画本一幅一幅地勾画，足足用了半年时间，才把《芥子园画谱》勾画完，订成了十六本。经过细心揣摩，并以此为根据，推陈出新，齐白石的细木匠活儿，再也没有不匀称的毛病了。齐白石的名声从此传播开来，十里八乡都知道有个好木匠叫齐白石，活儿做得好，画也好。

齐白石没有受过正规的教育，全凭自己的兴趣和不断练习，走上了绘画的道路，他所从事的细木匠活儿，也为他成为绘画大师打下了基础。

从一个小木匠，到一个享誉海内外的大画家，齐白石的人生经历，阐释了一个道理：兴趣加上努力，一定会有收获的，多读和练习，才是文学艺术成功的道路，舍此无他。齐白石的成功，正是这样一种道理。

口吃的毛姆

✲曹文轩

没有口吃，就没有一个作为作家的毛姆。

口吃从少年始，一直跟随毛姆，直到他人生终了。

口吃总是让毛姆尴尬。当他开口“像打字机的字母键一样发出一种啧啧的声音”时，我们不难想象自尊心很强的毛姆，是一番什么样的心情——怕是一口咬掉舌头的心思都有。

残疾，成了一枚羞辱的徽记。

毛姆少年时，时时都能感觉到的是一双双嘲弄的眼睛。这种目光像锐利的冰碴儿一样刺伤着他，使他早在成长时期就养成了孤僻的性格。

毛姆并没有想要成为一个作家，他想的是成为一个律师，他的祖父与父亲都是律师，而他却口吃——这太具喜剧意味了。律师要的就是巧舌如簧、雄辩滔滔。

造物主跟毛姆开的玩笑人淘气亦太残酷——哪怕给他别样的残疾呢？

毛姆绝没想到口吃成全了他，也成全了文学史：世界拥有了一个大师级的小说家与戏剧家。

残疾给了他一份敏感。

作为一个普通人，也许并非一定得有一份敏感。木讷、愚钝、没心没肺，倒也省去了许多烦恼。事实上，许多人就是这样活着的，虽说少了点境界，但活得却是十分自在。但作为一个作家，则绝不可少了这份敏感。走到哪儿，察言观色，虽未必是一种有意的行为，但却是必须的。一有风吹草动，心灵便如脱兔。他能听出弦外之音，能看到皮相的背后。他们是世界上神经最容易受到触动的人，因此也就最容易受到伤害，而伤害的结果是心灵变得更加敏感。于是心灵便成了蛛网，它在万古不变的寂静中，张开于夕阳之中，任何一点震颤，它都能迅捷地感应到，接下来就是捕捉，于是就有了诗和小说。

毛姆的敏感常常是过分的，因此，他的生活中很少有亲人与朋友。到了晚年，他竟觉得整个世界都在算计他。

一颗敏感的心灵，沉浮于无边的孤独，犹如落日飘游于无边的旷野。敏感给毛姆的创作带来了巨

残疾，成了一枚羞辱的徽记。

大的资源，却毁掉了他的生活——他的生活千疮百孔，最后就只剩下一颗寂寞的灵魂和一幢空大的屋子。

但我们却要永远感激这份敏感，因为它给我们带来了《月亮和六便士》《人性的枷锁》等上佳小说和好几十部精彩戏剧。

当毛姆不能用嘴顺畅地表达世界时，他笔下的文字却在汩汩而出。他是世上少数几个长寿作家之一，一直活到九十一岁，这也许并没有什么了不起，了不起的是，当一些人进入高龄期后而与痴呆并无两样时，毛姆却一直在不停地写作。他的生命在日趋衰竭，但他的文思却一直到最后也未见老化的迹象。他的许多重头之作，竟是写在他的晚年。从毛姆的写作笔记看，还有大量绝妙的小说与戏剧，被他带进了棺材。

口语的阻隔，却成全了文字的不绝流淌——流淌成一条长长的河——毛姆之河。

当回到毛姆的每一部作品来看时，我们看到的也还是那番让人舒心的流淌。毛姆的叙事从来就是从容不迫的。他找准了某一种口气之后，就一路写下来，笔势从头至尾，不会有一时的虚弱和受阻。侃侃而谈，左右逢源，言如流水，遇圆则圆，遇方则方，将一个口吃的毛姆洗刷得干干净净。

望毛姆，近看是一条河，远看也还是一条河。

残疾，还直接成了他创作的素材。他有几个刻画得尤为成功的人物，都是残疾之人，如《人性的枷锁》中的菲利浦，如《卡塔丽娜》中的卡塔丽娜。

与人，与社会，毛姆在他的作品中留给人的形象始终是一个旁观者。

毛姆不是一个介入型的作家。他总是闪在一旁看着——毛姆的一生就是这样打量着人类，在稍微远一些的地方。

而这一姿态，又是与口吃造成的自卑、自卑造成的离群独处分不开的。

毛姆的传记作者特德•摩根在《毛姆传》中曾写到这样一个场景：

二战期间，毛姆等人正在参加一个宴会，伦敦上空突然响起空袭警报的声音。出于对弗吉尼亚·伍尔芙安全的考虑，毛姆提议由他陪她走一段路，当他们走到大街上时，正是敌机飞临伦敦上空之时。高射炮从各个角度向空中射去，天空如被礼花照亮了一般，场面恐怖而壮观。毛姆高叫让伍尔芙掩藏起来，但伍尔芙却置若罔闻，一步不挪地站在大道中央，并张开双臂仰望燃烧的天空，向炮火致敬。

毛姆默默地，在一旁站着。

这就是毛姆。

数十年时间里，毛姆以“一旁站着”的打量方式，看出了我们这些混在人堆里不能旁出的人所看不到的有关人性的无数细节与侧面。

也许只有毛姆本人最清楚口吃与他和他的作品的关系。他向一位他的传记人一语道破天机：“你首先应该了解的一点，就是我的一生和我的作品在很大程度上都与我的口吃的影响分不开。”

写到此处，我吃惊地发现——博尔赫斯的失明、普鲁斯特的枯草热，我脑子里跳出来一个长长的名单：驼背侏儒波普、跛足人拜伦、身材矮小的济慈……于是，我就觉得，“补偿说”还真是有几分道理的。

造物主是个公平主义者，他竭力要做的就是将一碗水端平。对他的子民，不厚一个，也不薄一个。当这个人有了缺陷时，他是会心中有数的，总会要在暗中给予补偿。因为缺陷，使这个人饱尝了痛苦，因此补偿往往还要大于缺陷。

毛姆对于这份丰厚的补偿，应该是无话可说。

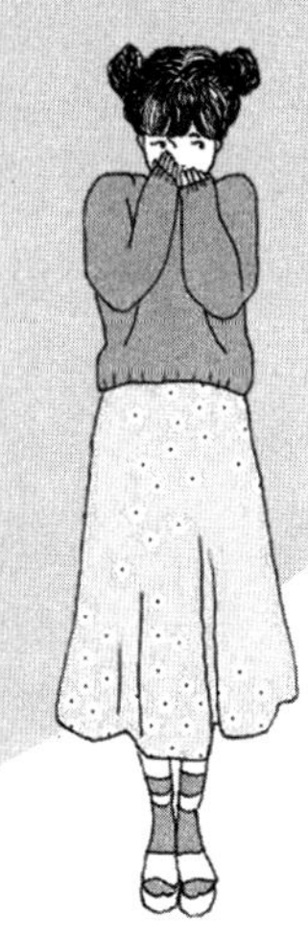

永远相信 美好的事情即将发生

从无声世界里突围的清华博士

✽杨柳

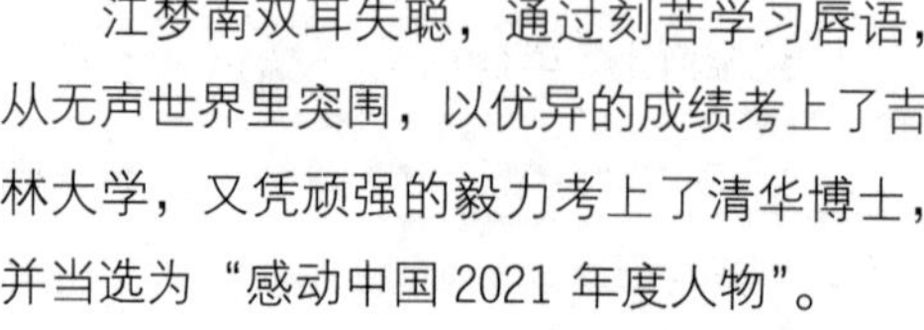

江梦南双耳失聪，通过刻苦学习唇语，从无声世界里突围，以优异的成绩考上了吉林大学，又凭顽强的毅力考上了清华博士，并当选为“感动中国2021年度人物”。

厄运降临，半岁药物中毒双耳失聪

1992年，江梦南出生在湖南省郴州市宜章县莽山瑶族乡一个教师家庭。期待她未来的生活能够如梦里江南般岁月静好，于是父母花心思给她取了个诗意的名字：江梦南。

然而，一次感冒致使6个月大的小梦南咳嗽不止，那天晚上她脸颊通红，张着嘴巴，呼吸急促。半夜醒来喂奶时，母亲抚摸着女儿的额头感觉烫得厉害，一测体温，竟然发起高烧，焦急中，夫妻俩忙给女儿泡温水浴进行物理降温……

心急如焚的父母一夜未眠，天一亮就赶去当地医院就诊，小梦南被诊断为急性肺炎。岂料厄运降临，失聪的魔爪正在伸向母亲怀中的女儿。

先飞的鸟，一定能飞得更远；迟开的你，也如鲜花般怒放。勤奋从来不会辜负任何一个人，只要自己的心不倒，就没有什么困难能击倒你！

治疗数天，肺炎症状缓解，父母紧绷的神经总算放松下来。但之后，小梦南不吵不闹，对声音似乎没反应。由于工作繁忙加之地处偏远地区，小梦南的病情一直没有确诊。

小梦南约一岁时，忧心忡忡的父母抱着她赶去湘雅医院检查，被诊断为极重度神经性耳聋，肺炎治疗过程中药物中毒致使江梦南左耳听力损失大于105分贝，右耳听力完全丧失。这个结果使小梦南的父母心痛得无法呼吸，觉得天都要塌下来了。

夫妻俩先后去了北京、上海等大医院诊治，结论是“目前医学还无法治愈，言语康复的可能性极小”。医生建议他们做好去特殊教育学校就读的准备。女儿的不幸遭遇，让赵长军夫妇感到无比心痛与自责。

迎难而上，学唇语发声用眼睛听世界

父母一致认为，听不见已是既定的事实，与其怨天尤人，还不如用自己最大的努力去克服。他们决定每天帮助女儿通过读唇语学“听”和“说”。妈妈每天抱着小梦南坐在镜子前，让她用眼睛看着他们的口型学习发声，一个音一个音、一个字一个字地教。

日复一日，小梦南看父母的嘴唇变动，观察他们和自己说话的口型，进行发音模仿：“爸爸”“妈妈”……一遍遍地纠错。尽管父母很用心地教女儿学唇语，但江梦南在语言上比同龄幼儿差很多。通过锲而不舍地刻苦练习，女儿在两岁时总算叫出一声口齿不清的“爸爸”“妈妈”。

幼儿的注意力集中时间一般在15分钟左右，江梦南的父母就拿七彩小皮球、拨浪鼓、动物玩具等特别吸引眼球的东西来集中她的注意力，让女儿用手摸着他们的喉咙感受声带的振动，用眼睛看着他们的口型学习发声。时而让小梦南看实物，时而让她看父母发声的口型变化，一个字一个字地学习发声。然后，拉起小梦南的一只手托住自己的下颌，让她感知发声时下颌的上下变动。

父母不厌其烦，每当听到梦南发出一个字的读音，都会激动得把女儿举高高，开心得热泪盈眶。随着时间的推移，江梦南上幼儿园了，因双耳听不到声音，无法跟小朋友们正常玩耍，有的小朋友还因江梦南听不见声音而冷落她。父母知道情况后心里十分难受。

梦南父母一直在思考女儿未来到底是去当地的特殊教育学校上学，还是像正常孩子一样去上普通的小学。选择上特殊教育学校显然轻松些，但女儿的生活会封闭狭隘。夫妻俩决定迎难而上，让女儿学会唇语后就去普通小学上学。

刚开始学唇语，由于听不到自己的声音，江梦南发出的声音不太标准。但父母不断夸赞：“南南，你真的很棒啊，只用眼睛看妈妈的嘴唇就能说得这么标准！”

遇到有一些口型非常像的音，譬如花和瓜，妈妈就会把小梦南的一只手放在自己的嘴巴附近感受发声时的气流，一只手举在她的嘴巴附近感受发音的气流。花，有气流，瓜，没有。需要反复练习很多遍，才可以慢慢地让江梦南练成惯性记忆。正是父母的不断施教与鼓励，江梦南慢慢学会了不少唇语。

开学季，多读了一年学前班的小梦南去了正常的小学读书，她遇到的困难可想而知，双耳失聪的江梦南要领会老师与同学们说话的意思，只能用眼睛仔细观察对方的口型。从那以后，在学校里，江梦南就坐在教室的第一排，看着老师的口型“听课”。

老师讲课的时候无法一直保持正面面对着江梦南，转身在黑板上写板书的时间也不少，江梦南就静默地端坐着，看其他同学聚精会神地学习，江梦南内心七上八下，觉得自己会跟不上。为了不让自己落后，江梦南每天坚持认真地课前预习、课后复习，并在父母的教导下先把第二天要学的课堂内容学习一遍。上课时，看不到老师口型的情况下就仔细研究黑板上的板书，不懂的地方下课再去问老师或同学。

令人意外的是，江梦南有着惊人的记忆力，再加上常人难以想象的勤奋与刻苦，她每次考试成绩都名列前茅。

为了补上学前班多读的那一年，江梦南四年级暑假时在父母的帮助下自学了小学五六年级的课程，打算直接上六年级。自学过程中，江梦南最大的困难就是学英语，在刚接触英语学科时就觉得比摘月亮还难。英语和汉语不同，字母、单词，看懂困难，学发音更不容易。

后来，在妈妈的循循善诱下，她顺利地攻克了难关，学完了小学阶段的英语，直接上了六年级。正常的同学都难以实现的跳级，双耳失聪的江梦南却做到了，且成绩优秀。除了父母呕心沥血的付出，更得益于江梦南孜孜矻矻、不知疲倦的努力。

天道酬勤，无声世界里突围成清华博士

小学毕业时，江梦南以优异成绩考入郴州六中。然而，这却让江梦南的父母忧心忡忡。郴州六中离家100多公里，双耳失聪的江梦南要脱离父母照顾独自去求学，实在让人放心不下。

但江梦南却不停地宽慰父母。看着懂事又坚忍的女儿，父母虽然眉头紧锁，但还是支持女儿更早地去适应新的学习生活。

“我不比别人差，不能降低对自己的要求。”这是江梦南常挂在嘴边的一句话。她时常这样告诫自己，也一直如此践行着。没有了父母的催促，江梦南就让手中振动的闹钟催自己起床。在这样的刻苦努力下，每天与时间赛跑的江梦南各科成绩出类拔萃。

中考来临，郴州市教育局考虑到江梦南的特殊性，特意为她设置了“独立考场”，别的科目考试江梦南都和同学一样进行考试，唯独考英语时监考老师让江梦南用眼睛“听见”英语，才顺利考完了听力题。而高考时，她通过“折算”的方式，进行了英语听力的考试。

2010年的高考，江梦南的高考成绩超过一本分数线2分，当时她觉得没有发挥出自己真实的水平，于是选择了复读。2011年，江梦南以615分的成绩考入吉林大学药学专业。

大学期间的英语四、六级考试又成了江梦南的一道难关。无法听听力，江梦南会被砍去35%的分数。很多同学都劝江梦南直接向学校提申请不考英语四、六级。但外表文静、内心倔强的她却说：“我只是有点特别，但我并不特殊。”每天江梦南第一个到图书馆自习，最后一个离开。最终，江梦南还是如期参加了英语四级考试。

在少了占总分35%比重的听力分数下，江梦南仅靠笔试成绩依然顺利通过了考试。之后，她又通过了全国大学生英语六级考试，还获得了吉林大学自强自立大学生标兵、白求恩医学奖学金、东荣奖学金等荣誉。

研究生期间，为完成研究，江梦南苦读国内外的最新理论著作，学习编程语言。最终发表了影响因子为3.123的SCI论文。

2018年，江梦南考上清华大学生命科学学院的博士，并在博士入学前装上了人工耳蜗。终于，她人生第一次真切地听到了这个世界的声音。车水马龙、人声嘈杂，这些对普通人来说再熟悉不过的声音，对江梦南来说都是新奇的。“我开始听见了鸟叫，听见了青蛙在叫，还听到了一些很美好的声音。”江梦南笑靥如花，补充说，“冷不丁哪一天会听到我以前从来没听过的声音。”

但是，新的困难接踵而至。为了建立听到的声音跟文字之间的联系，江梦南还需要持续不断地进行听力训练。而且，学业压力非常大，每天面临大量专业的讨论，梦南微笑着说：“我的人生，仿佛每一步都是‘困难模式’，等待自己去克服。”

先飞的鸟，一定能飞得更远；迟开的你，也如鲜花般怒放。勤奋从来不会辜负任何一个人，只要自己的心不倒，就没有什么困难能击倒你！克服无数困难后的江梦南，决心为人类的医学事业贡献自己的力量。

善于等待的人，一切都会及时来到

✲麦淇琳

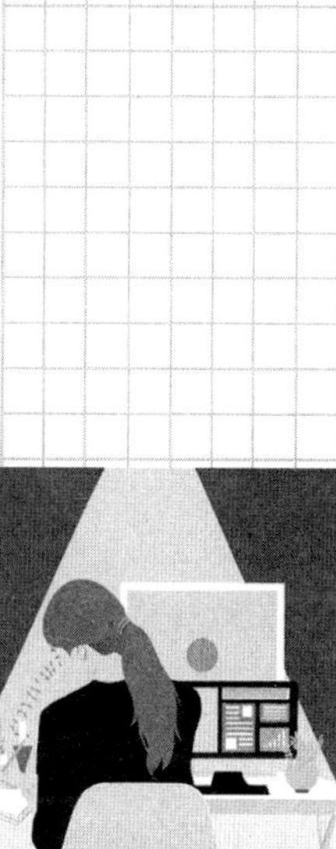

世间万事万物皆有自己的语言，它们以自身的生长历程告诉我们，世间所有美好的获得，都需要时间的酝酿。穿过逆境，才能抵达繁星。

她16岁开始尝试戏剧写作，28岁第一个剧本发表，36岁第一部戏曲被搬上舞台。

近10年来，她创作的“谍战三部曲”《一触即发》《伪装者》《天衣无缝》先后被搬上电视荧幕，成了热播剧。

她就是曾获中国最具影响力编剧称号的成都市川剧院国家一级编剧、四川省作协副主席张勇。

张勇小时候在外婆身边长大，外婆嗜好朗读唐诗宋词元曲，也喜欢带她看楚剧川剧。

读小学时，张勇陪外婆去看越剧《凤凰台》中的一场《追舟》。那不是她第一次看越剧，也不是第一次看《追舟》，她以前跟着外婆看，只觉得咿咿呀呀的，热闹又悠闲。但这次不同，她被《追舟》里的李白与好友孟浩然追舟江上的动态迷住了，也为戏曲中以垫步、蹉步、跪步来体现江水波澜涌动的场景所吸引。

那时，张勇有了一个模糊的想法，她要学越剧，后来她就天天跟着广播咿咿呀呀地唱。

16岁职高毕业后，张勇到电子管厂工作。

有一天，她和工友们一起去看爱情戏曲电影《碧玉簪》，这次观影重新燃起她儿时对戏剧的初心。戏散场了，对张勇来说却没有散，她萌生了研究越剧的想法，便跑到书店买了一本《越剧戏考》，边看边做笔记。

张勇给自己订立了长远的人生目标——16岁写戏，28岁要有东西能出版，36岁作品能登上舞台，46岁能得奖。

然而创作之路何其艰难，张勇不断地经历着向杂志投稿、退稿、再投稿、再退稿的过程。她就像《谁动了我的奶酪？》里的两只小老鼠嗅嗅和匆匆一样，不断遇到困难，不断自我修复，一往无前，乐此不疲。

工友们常常问她："你为创作努力了这么长时间，总是不能达到目标，不觉得是在浪费时间吗？"

张勇乐观地说："我曾在书中看到古人制作椅子的过程，从用料、打磨、雕刻再到线条的考究，所耗费的时间，从等待木质自然蒸发水分直至完全稳定，到一把精致的椅子成形，有时需要用几年甚至几十年的时间。所以，世间万事万物皆有自己的语言，它们以自身的生长历程告诉我们，世间所有美好的获得，都需要时间的酝酿。"

一分耕耘，一分收获，28岁这年，张勇发表了自己人生中的第一个折子戏剧本。"越剧王子"赵志刚鼓励她："剧本不是学出来的，它一定是千锤百炼写出来的，你一定要坚持下去，相信你所做的总有意义。"

2006年，张勇不负众望，将越剧《藜斋残梦》搬上了舞台，获得中国第九届戏剧节优秀入选剧目、中国越剧艺术节剧目银奖。

由于艺术创作成绩优异，张勇被破格调入成都市川剧院任专业编剧。40岁这年，张勇有机缘参与创作歌剧《永不消逝的电波》，改写这部儿时"启蒙之作"。

那时在戏文里写了多年才子佳人、帝王将相的张勇，感觉自己找到了重新弹起的力量。于是她选择了谍战题材，开笔写下《一触即发》。

3年后，小说被搬上荧屏，张勇又创作了《谍战上海滩》；又是一个3年，《谍战上海滩》被改编为《伪装者》，成了2015年最受追捧的电视剧之一。

《伪装者》的播出令张勇名震四方，各种荣誉接踵而至，一夜之间，她从成都市川剧院小小的编剧成为全国编剧界的翘楚。

这几年，音乐剧版、舞台剧版、越剧版的《伪装者》不断呈现在观众面前，人们不禁问她："张编剧什么时候再出下一部剧，创造另外一个高峰呢？"

张勇自信地说："慢慢来，创作是我自己一直以来的喜好，我的人生目标是一直创作下去，不是一定要追求多少个高峰。"

关于前进，必然是一步一个脚印。当你脚步受阻时，千万不要沮丧，当下也许是黑夜，但说不定抬头就会有星光。缓急不在一时，善于等待的人，一切都会及时来到。

路是自己走出来的

❁ 另维

人都不是因为某一件事的差劲结果从而导致命运急转直下的。

其实下坡路，明明是自己用双脚一步一步走出来的。

我第一次见李同学，感觉十分眼熟，想了半天，是在报纸上看到过。

李同学是某年的北京理科高考状元。

状元年年有，他格外引人注目。因为他斩获状元的同时，还收到了 11 所美国大学的拒信。

现在百度搜索李同学的名字，还全是《中国状元为何被美国名校拒绝》《高考状元李 ×× 申请美国名校被拒分析》之类的文章，网友更是群嘲他高分低能。

嘲笑完他，还嘲笑中国教育：反思！填鸭式教育下的中国状元，在国际上得不到丝毫认可！

李同学接受了一次采访，分析了自己被拒的原因，从此消失在公众视野中。

我认识李同学的时候，他大三，是美国麻省理工学院的转学生。

当年，他选择了清华和港大的合作项目，学习电子工程，安静用功。大一在清华，大二在港大。

港大流行大三去欧美国家做交换生。他死去的 MIT（麻省理工学院）之梦又蠢蠢欲动了，可是他很快发现，港大和 MIT 没有合作项目。

李同学想，不行我就自己申请呗。

他给 MIT 写邮件，辗转联络到录取办公室，对方听完他的情况，问：“你为什么不干脆转学过来呢？”

李同学一脸蒙：“还能转学？”

不知道当初嘲讽李同学和中国教育的人怎么样了。

李同学在港大，没玩转香港，也没吃遍广东。他考托福，写转学申请，办签证，终于在大三时做了 MIT 的本科生。他加入兄弟会，去非洲做义工，还申请了英国剑桥大学的交换项目，就这样在剑桥度过了大四这一年。

李同学18岁时，全国人民见证了他11所大学申请的全军覆没，留学梦碎。可那是他生活的开始，不是结局。他步履不停，居然实现了大学四年里每年一所顶尖学府的神奇经历。我认识他之前，根本不知道，也想不到，大学生活还能有这种自定义玩法。

李同学和我都喜欢大疆无人机。我买了大疆，李同学还没毕业，已经拿到亚马逊全球总部的无人机项目组offer，托我打听西雅图租房信息。

要他总结逆袭之秘籍，他抓耳挠腮了半天，怯生生地说："我没有不忘初心处心积虑两年非MIT不可，我以前根本不知道MIT能转学，我就是在老老实实学功课而已，没做什么奇妙的事情。"

"可是不管发生什么，你的人生一直保持着前进势头，没倒退过，能做到这样，总有原因吧。比如，你想做MIT交换生，你发现学校没有给你这个选项，为什么不就此作罢？"我不甘心地追问。

"网络那么发达，我自己搜索和打听一下别的方法，不难啊。"他觉得莫名其妙。

所处的环境不给机会，没关系，人是活的，可以跳出去，自由寻求其他可能性。不怪罪他人，不停止脚步，只想办法解决问题，对李同学而言，这是再自然不过的思维方式。

李同学命途多舛，西雅图的房子我都帮他联络好了，他说："我今天收到通知，无人机被划为美国军方项目，团队不能收外国人了，去不了西雅图啦！抱歉，害你白忙！"

我愤愤不平："把你拖到快毕业，一句政策有变，就不管你死活了？"

他倒平静："这也是机会。我之前发现生物有意思，选修了不少课程，还想过考医学院，刚好找到工作才打消念头，现在正好给我个机会捡回来。"

过了一年，我出差经过波士顿，李同学带我吃拉面。

他钥匙串上挂着波士顿医院的门卡，开心地说自己正在医院做志愿者和备考医学院考试，每天又忙又好玩。

和百度百科上那张高考状元照片比起来，他一点儿也没变，还是学生头，无框眼镜，白白的皮肤，高高的个子，眼睛细长且柔和，说话软软的缓缓的，看不出智商超群。

我说："你发现没有，发生在你身上的糟糕事，最后都能变成好事。所以你的转运锦鲤是哪一条？我也要去转发一下。"

他还是不太会标榜自己，也不会油嘴滑舌地接梗，只挠挠头说："实在没觉得自己哪里不一样。"

但我已然看到了答案。

老天扔给他一个阻碍，他抬起头，看到的是机会。他会下意识地把一切悲惨遭遇和失败进行势能转化。不幸和不满对他而言，是需要解决的问题，是努力的方向，是能充实生活的好事。

如此一来，任何事件的结果，好的使他前进，坏的助他成长，怎么着都无法摧毁他。

我忽然意识到，人都不是因为某一件事的差劲结果从而导致命运急转直下的。他们备受打击，自我放弃，导致无所作为，蹉跎了接下来的日子，经年累月之后他们回头看不幸的人生，慨叹：是那件事毁了我啊！

其实下坡路，明明是自己用双脚一步一步走出来的。

人生这条路，越走越宽，还是越走越窄，归根结底和遇到的阻碍无关。

靠的，是你面对阻碍时的反应。

航天员桂海潮的缠与莽

✽王耳朵

神舟十六号载人飞船飞天，一个名字引发热议：桂海潮。

为什么?

他是中国目前最年轻的航天员，是中国空间站首位载荷专家，是中国首位非军人航天员，年仅 31 岁就成为北京航空航天大学的博士生导师……

和桂海潮一同冲上热搜的还有一个地名：云南省保山市施甸县姚关镇。

那是桂海潮的家乡。

从施甸县县城出发，需要走 20 多公里的蜿蜒山路，才能到达姚关镇。

一条老街贯穿整座小镇，桂海潮的家就在老街的一头。直到现在，老街上还矗立着几间土木结构的老房子。

这里确实不富裕,但是只要你打听“桂海潮”，总有人骄傲地告诉你:“他是这条街上出的名人。”

桂海潮成为航天员的消息传到小镇后，施甸县的宣传部门将桂海潮从小到大每一次升学的毕业合影，都发布在官方账号上。

我也是“85 后”，也曾从山村里走出来，知道一张毕业照对一个农村孩子的意义有多大。那些校园时光，有太多的酸甜苦辣，也许，上一秒还和你一起学习的小伙伴，下一秒就因为不同的际遇和你天各一方。又或许，有些人穷尽一生，也走不出大山。

桂海潮上中学时的一位邻居，在网上提及一段往事。当年，他家的厨房，就对着桂海潮上高中时住的那间小屋。每天吃晚饭的时候，他都会听到桂海潮大声地背课文。他小时候很贪玩，经常被老爸揪着去看桂海潮学习。透过那扇小小的纱窗，他从没想过自己目睹的是一位航天员的成长。

从桂海潮中学老师的口中，我发现了他身上除“勤奋”以外的两个特质。

第一，缠。他总是在考试结束后，追着老师讨论难度比较大的题目。除此之外，他还会和老

读书可能无法改变所有人的命运，但是如果你没有太多选择的余地，不妨去读书，去参加高考，去上大学……即便去不了茫茫寰宇，但是你一定能够遇到属于自己的那道亮丽风景。

师讨论一些比较前沿的物理问题。

第二，莽。桂海潮是课堂上的积极分子。只要老师提问，他都会积极回答。答错了，他会向老师请教。

毫无疑问，桂海潮不是一个只会死读书的人。

千军万马过独木桥后，你会明白：永远不要低估一个孩子的求知欲和勇气。

《中国少年儿童百科全书》是桂海潮年少时最喜欢看的书。

他被书中“中国航天之父”钱学森的故事深深感动，对头顶的那片天空心驰神往。

2003年10月15日，神舟五号载人飞船发射成功。当时还在读高二的桂海潮激动万分，那一刻，有一颗种子在他心头萌芽。

当年，桂海潮是县里的高考理科第一名，以他的成绩是可以报考北京大学的。但填志愿时，他毫不犹豫地选择了北京航空航天大学宇航学院飞行器设计与工程专业。

为此，桂海潮的班主任还特意拉上桂海潮的父母，一起劝他修改志愿。志愿填报的截止时间是次日零点，他们一直劝到晚上11点多，可桂海潮没有一丝一毫动摇。

桂海潮用了9年，从本科读到博士。之后，他又去国外从事博士后研究工作，其间，他在国际顶尖期刊发表了近20篇SCI学术论文。3年后，桂海潮毅然选择回国。

面对国内各名校发出的邀请，他依然选择和12年前的那个云南少年并肩同行：去北京航空航天大学。

桂海潮分享过自己参加航天员训练时的经历。

他的体能素质和航天技能，比不了从空军飞行员队伍里选拔的航天员。一次，他需要负重数十公斤，在沙漠里徒步5000米。没想到，刚走一半一只鞋底就脱落了。而前一晚，他刚结束两天两夜的沙漠生存训练，另一只鞋底也打了“补丁”。最后桂海潮坚持穿着“张开大嘴”的鞋子，在炎热的沙漠中走了整整两个小时。

这就是桂海潮超强的执行力。

桂海潮的学习和工作生活并非我们想象中那般沉闷。

高中时，篮球场上有他奔跑的身影。大学时，他担任过2008年北京奥运会志愿者。他平时还酷爱书法，就连博士毕业论文答辩公告，也是他用毛笔写的，别具一格。

最近，有很多人在讨论桂海潮成为航天员的意义。

有两条微博特别打动我。

一条来自微博用户@李峥嵘：“一下子就觉得每年捐助云贵山区的孩子读书这件事更有意义了。帮那些孩子一点点，谁知道将来会不会又走出优秀的人才……”

另一条是桂海潮的初中母校发布的短片。孩子们在老师的带领下，一起观看神舟十六号载人飞船飞天的视频。面对镜头时，一个个少年，眼中有光，心中有梦。他们激励自己努力学习，未来也要成为像桂海潮那样了不起的人。或许就连桂海潮也没有想到，他的一趟“太空出差”，会让全县乃至全国沸腾。

有网友留言：“那座小镇上的很多人可能没去过北京、上海，大城市离他们很远很远，但他们知道，现在有一个‘我们镇上的孩子’上太空啦！”

读书可能无法改变所有人的命运，但是如果你没有太多选择的余地，不妨去读书，去参加高考，去上大学……

即便由于个体的天赋不同，你无法成为桂海潮，也去不了茫茫寰宇，但是你一定能够遇到属于自己的那道亮丽风景。

做第一个敲门的人

是金子总会发光。

✻杨新勇

18岁那年，她考上大学，攻读声乐专业。

父母都是普通工人，为了减轻家庭负担，大学期间，她去做兼职导游。站在刺骨寒风里接团，她手冻得红肿，累得精疲力尽。一次，她累得摔倒，硬是爬起来忍着疼痛坚持陪游客参观完所有景点。晚上回到宿舍，她脱下袜子一看，脚肿得像个馒头似的。然而，第二天，她又准时出现在工作现场。

导游的生活实在太苦了。难道这就是自己的命运吗？她暗暗问自己。不！绝对不是！

毕业前夕，一个同学探听到一家地方电视台对外招聘气象节目主持人，撺掇她去应聘。

她决定去试试。哪知同学记错了面试时间，当她赶到电视台时，面试已经结束了。难道就这样与机会擦肩而过了吗？不知哪来的勇气，她一个箭步冲上去，把主考官堵在电梯门口。“请给我一次面试的机会，也许我就是你们最合适的人选！”她言辞恳切，充满自信。

考官在与她对视了一会儿后，决定破例给她一次机会。结果，她凭着清纯可人的气质、出色的自身素质和机敏的临场表现征服了所有考官，最终被录用了。她没有想到，绝望之际，自己大胆出格的举动，竟然开启了人生的希望之门。

一年后，她辞去了这个已经有点成绩的主持人工作，决定“北漂”。她每天靠拼命打工和四处兼职维持生计，但即便是在这样的日子里，她还是咬紧牙关，一边坚持参加中国传媒大学的专业培训，一边等待机会。

央视10套《今日气象》改版，招聘主持人。机会终于来了，她兴奋得跳了起来。但同学了解后，沮丧地说：“人家规定应聘者必须持有北京户口。”她却说：“只要有真本事，他们是不会拒之门外的吧？去试试就有机会。”

她拨通了招聘处的电话。对方说：“在这么多不符合招聘条件的应聘者中，你是唯一没有放弃的人，我接受你的报名。”凭着扎实过硬的主持功底，她最终胜出。安排工作时，由于主持人名额已满，栏目组希望她去记者部。她非常珍惜到央视工作的机会，当即爽快地答应了。不久，广州遭遇台风，她前去采访。那天，她坚持站在吹得人睁不开眼的狂风里，圆满完成了报道，给领导留下了深刻的印象。

是金子总会发光。央视1套《天气预报》筹划改版，经过层层选拔，她以清新活泼的主持风格脱颖而出，立即成为一道亮丽的风景线。

她又一次用勇气敲开了希望之门。她就是王蓝一，央视1套《天气预报》节目主持人。她的座右铭是，也许你不是最优秀的，但记住，你一定要是唯一的。请不要轻言放弃，无论何时何地，机遇只青睐第一个冲上去敲门的人。

高适：黑马的曲折逆袭史

✽夏瑾初

当生活欺骗了你，请相信这是暂时的困境，不要因此一蹶不振，拥有良好的心态，才不会被压垮。

每个朝代都有黑马逆袭的故事。他们平时走在人群中就像一粒尘埃落入地面，没有人在意，却在充满机遇的考试中一鸣惊人。本电台邀请了诗人中最大的黑马——高适，为我们讲述他的曲折逆袭史，希望给迷茫中的你一点力量，予你前行的勇气。

一、别人家的孩子不常有

各位同学好，欢迎聆听我的故事。鄙人高适，适，为“去，往”之意，字达夫，达，即到达，合起来的意思是：要去的地方，不达目标决不放弃。这个信念也贯穿我的一生。

平凡跟普通是大部分人的常态，年少成名的仲永跟骆宾王这种“别人家的孩子”毕竟是少数。即便我出身于官宦世家，少年时期的我也躲不过平凡的命运。

祖父是一代名将高侃，“俭素自处，忠果有谋”，陪葬乾陵，是我高家至高无上的荣耀，可惜到了我这一代，已然没落，从官三代变成了穷一代。但从小就听着祖父的英勇事迹长大的我，小小年纪时心中就埋下了光耀门楣、济世安民的种子。

也许是穷人的孩子早当家，我从小就知道要努力读书，不知不觉间，心里的种子已悄然生长。

习得圣贤书，了却君王事。是时候出发谋取功名，大展鸿鹄之志了。

我信心满满地前往长安，年少的我总以为靠着满腔热血就可以实现理想，并不知道长安此时卧虎藏龙。现实给了我狠狠的一击。我花光了身上所有的盘缠，却看不到一点仕途的希望。

我只能暂时隐居，一边农耕一边苦读，学习、生活两手抓，等待着一个机会。

当不成“别人家的孩子”，坦然做自己也很棒。正确认识自己的平凡，正是因为平凡，才更要努力。

二、一生自是悠悠者

我一直感慨怀才不遇，愤愤不平地写下《宋中别周梁李三子》：“曾是不得意，适来兼别离。如何一尊酒，翻作满堂悲！”

我决定北上，前往边塞，本以为能“画图麒麟阁，入朝明光宫”，但只是体验了几年边塞小将士的生活，未被长官重视，只能再次感叹：“谁怜不得意，长剑独归来。”

但这段经历为我提供了极多的写作素材。我开始以诗人的身份“出道”。我在边塞目睹战士奋勇报国，将军却生活奢靡，愤然写下了《燕歌行》：

“战士军前半死生，美人帐下犹歌舞。

大漠穷秋塞草腓，孤城落日斗兵稀。”

写完后便四处游历，也体验到很多人间疾苦，从“十年守章句，万事空寥落”到“且向世情远，吾今聊自然”。我前期写的诗，得到张九皋的赏识，经他推荐，我得中应制举有道科。但当我身在其职才发现，领导居然叫我去压迫百姓，“拜迎长官心欲碎，鞭挞黎庶令人悲”。

“我本渔樵孟诸野，一生自是悠悠者。乍可狂歌草泽中，宁堪作吏风尘下。”我毅然决然离开了官场，开始游历四方。

没多久，也许是心态放宽了，幸运悄然在我身边降临。我终于遇到了真正的伯乐哥舒翰，开始我的戎马生涯，终至礼部尚书。我的人生之春跨越重重山水终于来临。

三、当生活欺骗了你

在逆袭成功前，我也经历过很多至暗时刻。仕途求而不得，满腔抱负无从施展的痛苦，让少年的我，睥睨尘世，待时而动。在那时，我写下《邯郸少年行》：

“未知肝胆向谁是，令人却忆平原君。君不见即今交态薄，黄金用尽还疏索。以兹感叹辞旧游，更于时事无所求。且与少年饮美酒，往来射猎西山头。”

我想用邯郸少年忘记过往，寄情山水、放浪五湖，做一个闲适的人。在隐居期间，我结交了很多志同道合的朋友。

一次老友前来拜访，我却窘迫得付不起酒钱，只能写下《别董大》：“千里黄云白日曛，北风吹雁雪纷纷。莫愁前路无知己，天下谁人不识君？”表面看是在鼓励我的好友董庭兰，实则也是自勉。虽不得志，却不丧志。

“桂阳年少西入秦，数经甲科犹白身。即今江海一归客，他日云霄万里人。”另一个好友科举屡次落榜，我写下《送桂阳孝廉》，安慰他来日必将榜首题名。

后来，我的人生终迎来柳暗花明。

当生活欺骗了你，请相信这是暂时的困境，不要因此一蹶不振，拥有良好的心态，才不会被压垮。

给各位匆忙赶考的同学总结一下，在下从年少平庸到中年逆袭，一路走来靠的是乐观的心态，心存希冀，目有繁星，沐光而行。

谢谢高适的分享。《旧唐书》上说：“有唐以来，诗人之达者，唯适而已。”没有诗人可以做到高适这样高的职位。高适深夜是否也曾迷茫过，我们不得而知。但可以肯定的是，他没有后悔自己所做的每一个选择。

最后，愿听到这里的你，但行好事，莫问前程。

爱因斯坦的中学时代

✿佚名

认清自己的目标，一条道走到黑地坚持下去，便能将天赋发挥到最大。

1880 年，爱因斯坦全家来到德国慕尼黑，他在这里度过了他的中学时代。

爱因斯坦在 10 岁时，进入了慕尼黑的路易博德文理中学。他喜欢上了数学，并开始自学高等数学。没过多久，数学老师已经不是他的对手了，常常被他问得哑口无言。有一次，数学老师公开对他说："如果班上没有你这个学生，我会非常愉快。"爱因斯坦困惑地说："我并没有做对不起老师的事呀！"数学老师回答："但是，你提的问题经常使我心神不定。"

除了对数学的爱好，爱因斯坦对路易博德文理中学并没有留下好印象。那些死记硬背的功课，全都引不起他的兴趣，成绩也都很不好。老师们嫌他"生性孤僻，智力迟钝"，责备他"不守纪律，想入非非"。有一次，爱因斯坦的父亲赫尔曼问学校的训导主任，自己的儿子将来应从事什么职业，这位主任直截了当地回答："做什么都没关系，你的儿子将一事无成。"爱因斯坦后来对这种死板、专横的教育方式进行了猛烈的抨击："有时，人们把学校简单地看作是一种工具，靠它来把大量知识传授给成长中的一代。但这种看法是不对的。知识是死的，而学校却要为活人服务。""学校的目标应当是培养有独立行动和独立思考能力的人。"

中学时代爱因斯坦最为与众不同之处，是他在学习上热衷于自学，并在这方面表现出非凡的能力。有一本几何小书，是一个到他家做客的叫塔尔梅的大学生介绍给他的，他只用几个月就自学完了这本书。后来他又自学了塔尔梅介绍给他的高等数学著作，并且学得津津有味。

晚年他回忆说："在12—16岁的时候，我熟悉了基础数学，包括微积分原理。这时，我幸运地接触到一些书，它们在逻辑严密性方面并不太严格，但是能够简单明了地突出基本思想。总的来说，这个学习确实是令人神往的，它给我的印象之深并不亚于初等几何，好几次达到了顶点——解析几何的基本思想，无穷级数，微分和积分概念。"与此同时，他还自学了一部介绍当时物理科学发展情况的通俗著作，这部书使爱因斯坦对理论物理产生了兴趣。特别令人惊异的是，他13岁的时候，还自学了康德的名著《纯粹理性批判》，塔尔梅后来回忆说："康德的著作，一般人都难以理解，而对于他似乎却是十分简单的。在他读完《纯粹理性批判》和其他哲学家的著作之后，康德成了阿尔伯特最喜爱的哲学家。"

几年后，爱因斯坦再也无法忍受在路易博德的生活，他决定离开这里。但半途退学会使他拿不到中学文凭。爱因斯坦耍了一次"阴谋"：他请数学老师给他开了张证明，证明他掌握的数学知识已经达到了大学水平，数学老师巴不得他早些离开学校，就欣然答应了他的要求。他又从熟悉的医生那里弄来一张病假单，证明他神经衰弱，需要回家休息。但还没等到他提交提前毕业申请，训导主任就通知他"离开学校"。爱因斯坦问："先生，我犯了什么错？"训导主任回答他："班上的风气都被你弄坏了。你走吧！"

就这样，1894年，爱因斯坦被这位断定他"一事无成"的训导主任勒令退学了。15岁的爱因斯坦随父亲来到意大利米兰，由于超龄和没有拿到中学文凭，他无法在米兰找到合适的德语学校。在米兰度过的一年，是爱因斯坦一生中最快乐的日子，因为再也没有哪所学校来束缚他。他出入博物馆、教堂、音乐厅，并继续他喜爱的数理科目的自学。

然而这种惬意的生活他没有享受多久，由于父亲经营再度失败，他必须独立谋生。1895年，爱因斯坦申请了瑞士苏黎世联邦工业大学。由于他所受的教育不全面，又不善背诵，入学考试科目中的政治史、文学史等，对爱因斯坦来说，显得十分困难，结果入学成绩不佳，未被录取。但校长很欣赏他超凡的数学能力，建议他到阿劳小镇上的州立中学复读一年。这个建议对爱因斯坦的人生有重大意义，因为阿劳州立中学推行的是瑞士教育家裴斯泰洛齐的民主和人道主义教育思想，主张学生自我负责，老师的责任是向学生展示知识和科学的魅力，点燃他们好奇心的火花，激起他们的求知欲望，让他们的智力自由发展。在这所学校里，爱因斯坦逐渐变得乐观、自信，他对知识的渴望也达到了前所未有的程度。在这里，爱因斯坦对自己的人生作了第一次果断的规划，在他的标题为《我未来的计划》的短文中，他表现出了独特的自信。

1896年爱因斯坦进入联邦工大师范系学习。与德国的学校不同，这里的教学风气宽松自由，4个学年中总共只有两次考试，除此之外，“人们差不多可以做他们愿意做的任何事情”。然而，即使在这样的环境下，一向自由惯了的爱因斯坦，仍然感到难以适应。不久，他就找到了一种奇特的学习方式：只去听那些他感兴趣的科目，“刷掉”他不喜欢的课程，而把大部分时间用来自学当时一些理论物理大师们的著作。然而这种学习方式无法应付考试，幸亏他的同班好友格罗斯曼借给他听课笔记，帮助他渡过了难关。老师们自然都不喜欢这么一个自由散漫的学生，他的老师、著名的数学家闵可夫斯基后来得知爱因斯坦提出了狭义相对论时对别人说：“这使我大吃一惊，因为爱因斯坦在学生时代是条懒狗，他一点也不为数学操心。”其实爱因斯坦是一个勤奋的学生，只是学习方式与其他学生不同。

1900年，爱因斯坦从联邦工大毕业，同班同学4人，3人留下当助教，只有他由于教授们的反对未能留校，毕业即失业。接下来是一段辛酸的岁月，为了谋生，他当过家庭教师、临时计算工、中学代课老师等，辗转于苏黎世、夏夫豪森和伯尔尼等地。1902年，他通过挚友格罗斯曼的关系，进入专利局，做技术员。工资虽然微薄，却使爱因斯坦得以结束流浪的生活。在逆境中，爱因斯坦保持着对科学的热烈追求。就在这一年，他发表了第一篇科学论文，还与两个志同道合的穷学生成立了一个读书小组，阅读历代伟大哲学家、数学家的名著，并热烈地进行讨论。他们戏称自己的小组为“奥林匹亚科学院”。后来爱因斯坦多次谈到，在他提出狭义和广义相对论的过程中，曾经从他读过的休谟和马赫的哲学著作中得到了重要启示。

1905年，年仅26岁的爱因斯坦在《物理年鉴》上发表了三篇后来被公认都应获得诺贝尔奖的论文。内容分别为布朗运动理论、光量子理论和狭义相对论。这一年，他还以一篇关于测定分子大小的论文，获得苏黎世大学的博士学位。

后来，爱因斯坦在给一位同事的信中写道：“当我自问为什么是我而不是别人发现了相对论时，我想可能是由于我在童年时是一个智力迟钝的小孩。一般人对时间和空间的认识在童年时代已经完成，到了成年时，也就不再思考时间和空间问题了。而我在成年时才认真思考时间和空间问题，成年人思考孩童时的问题当然要更深刻一些，更成熟一些。”

有些人认为爱因斯坦这样的天才几百年才能出现一个，事实上，幼年的爱因斯坦与一般的小孩比较起来发育相对迟缓，从爱因斯坦的中学时代来看，不同的教育环境和方法，对他的影响是非常大的。在人的一生中，中学时代是最率真的岁月，没有先入为主的陈旧知识观念的约束，是一个勇于对知识追问的时代，是一个富有想象力的时代。从某种意义上说，是瑞士阿劳镇的州立中学造就了爱因斯坦，这里的教育造就的爱因斯坦即使在家境贫困不得不在专利局任小职员时，也能孜孜不倦地思考和研究时间和空间的关系问题，终于在1905年，发表了后来震惊世界的论文。

我要抓住寒冬中的每一分每一秒

✽李艳艳

摘自微信公众号"中国企业家杂志"

我的时间不多了。重要的是，不纠结于自己的痛苦，不纠结于自己的失去。

1 "那我不是快死了"

2019年9月30日，蔡磊的人生被劈成了两段。当时，他坐在北医三院神经内科的诊室里，对面是渐冻症专家樊东升。"应该只有（渐冻症）这一种可能了。"樊东升给出诊断结果。

蔡磊下意识地问："那我不是快死了？"

樊东升用双手在桌上比画出了一段大约20厘米的长度，然后说："你的生存期有这么长。"随即，他的左手迅速向右手靠近，两只手掌几乎合拢，"现在还有这么长。"

蔡磊僵住了，不相信这个发病概率只有十万分之二的病，会落到自己头上。

没有人准备好迎接死亡，更别说刚过40岁，家庭和事业蒸蒸日上的蔡磊——他刚做了父亲，还在京东集团担任副总裁。

人生前40年，于他而言，生命唯一的主题就是全速前进。他甚至曾跟竞争对手放话："你们不要跟我竞争，只要我开始做事，你们都干不过我。因为我不要命。"

被确诊渐冻症的这一刻，一切都暂停了。

渐冻症患者的平均生存期仅有2—5年，就算寸步不离地看护，也鲜少有人能活过10年。世界上生存期最长的例子是霍金。这位全球最著名的渐冻症患者在21岁时被确诊后，医生判断他只能活2年，但他活至76岁才去世。霍金的生命依靠国家之力维持，是所有渐冻人都无法企及的幸运。

目前世界上唯一能够延缓渐冻症的药物是力如太（又称利鲁唑），一盒售价约4000元，可服用28天，常年服用能够从死神手里抢下2—3个月的存活期。

住院第三周，医生给蔡磊开了一盒力如太，让蔡磊赶紧吃起来。但蔡磊心想，都得渐冻症了，多活两三个月有意义吗？

蔡磊还想起了自己的父亲。

1997年，蔡磊的父亲因肝硬化晚期到北京治疗，正在上大三的蔡磊请了假，与母亲、哥哥一起昼夜不休，轮班照顾。几个月下来，所有人都已逼近身体的极限。

父亲的病一天天恶化，他瘦得皮包骨头，浑身疼痛难忍，脾气也变得暴躁。被父亲骂的时候，蔡磊会控制不住闪过一个念头:我们都死了算了，让这一切赶紧结束吧。

时隔多年，蔡磊不想让家人再一次承受这种肉体上和精神上的双重折磨。他不想考验人性。2019年确诊后,他经过深思熟虑,向妻子提出离婚。

说出“离婚”这个词时，蔡磊怕妻子不答应，更害怕她答应。妻子听后，抹了一把眼泪，说：“你想都不要想！”接着又放平语气补了一句，“结婚不就是为了相互提供后盾吗？现在，我就是你的后盾。”

蔡磊的眼泪夺眶而出，两人相拥而泣。

2 “不愿意离开考场”

确诊后不久，蔡磊经常想一个问题：我还能做点什么？

目前全球已经明确的罕见病有7000多种，95%仍无药可治，渐冻症虽有药物，但药效非常微弱。对于渐冻症这种病症,医学、科学依然无解。

相较于就医用药的可及度和可负担性，蔡磊说，渐冻症患者的最大困境是“没有一种可以给患者带来存活希望的药物”。

创新药是解决罕见病的关键之一，但由于研发成本高昂、市场空间小、投资回报率低且风险高，制药企业大多不愿投入资金和精力研发。动辄10年的新药研发周期，亦不完全适用于“存活周期2—5年”的渐冻症。

蔡磊意识到，必须打破旧有的游戏规则，加快研发新药。更重要的是，他不甘心就这样离开世界，他希望利用自己在互联网领域的积累做点事。

据专家估算，中国目前渐冻症患者接近10万人，分散在全国各地，医疗数据无法共享。基于此，从2019年11月到2020年年中，蔡磊搭建起一个渐冻症患者医疗信息大数据科研平台——“渐愈互助之家”。

在这个平台上，病友们可以分享信息、互相鼓励，也可为医疗人员研发药物、诊断病情提供相关数据。

“目前，这个平台触达渐冻症患者上万人，可以说是全球最大的民间渐冻症患者科研数据平台。”蔡磊说，“这个平台可以让渐冻症药物的研发路径更短，效率更高。”

一切都要靠自己去打拼、去抗争，这是蔡磊的军人父亲从小灌输给他的理念。

小时候，蔡磊一家住在五六线城市的平房里，冬天没有暖气，屋里冷得结冰，他和哥哥穿着打补丁的衣服，从小被父亲灌输“一切都要靠自己”的理念。

小学五年级开始，蔡磊每天四五点起床，跑步、打拳、背英语。考上重点中学后，他总是强制自己用一半的考试时间答完卷子。

虽然提前交卷，蔡磊的多数科目依然可以拿到满分。他经常是全班第一名，全校第二名，同学们都叫他“外星人”。

在蔡磊的新书《相信》中，他写道：用现在的流行词来说，我就是典型的“小镇做题家”，出身五六线城市，只能靠勤学苦读走出小地方、走向大城市，改变人生命运。

17岁那年，蔡磊考入中央财经大学。为了给父亲治病，家里花光了所有积蓄，毕业后赶紧挣钱是蔡磊唯一的选择。

他先是进了一家机关单位当公务员，

后来考取了中央财经大学税务系研究生，毕业后进入一家外企任税务经理，由此开启了职业经理人生涯。

29岁，蔡磊来到万科集团任总税务师，几乎天天工作到半夜，周末也在研究业务；2011年年底，他加入京东，参与支持京东上市相关工作；2013年6月，蔡磊带领团队开出了中国第一张电子发票，每年可为公司节省数亿元的财务成本，并将电子发票成功推广到各行各业。

患病前一年，蔡磊通过相亲认识了现在的妻子。第二次见面，他就求婚了："我实在没空谈恋爱。既然咱们相互都有好感，那不如直奔主题。"

当时蔡磊已经单身多年，每天工作十几个小时，"我的生活堪称枯燥，眼里只有工作，其他什么都看不见"。

40多年的过往中，蔡磊仅有的两次出国都是公务出差。在北京上学、工作20多年，他甚至没去过故宫和长城游玩。

他几乎在用别人双倍的速度填写人生这份考卷，但老天爷似乎也掐着表，在蔡磊人生半程刚过，就提前想要把答卷收走。

但蔡磊却说："这一次，我还没答完，也不愿意离开考场。"

3 "骑自行车上月球"

为了加快药物研发，蔡磊组建起一支几十人的团队，试图用商业逻辑和市场前景，将医生、投资人、药企、科学家整合到一起。

他还组建科研团队，设立动物实验基地，推动药物研发和临床试验，并建立了一个像诺贝尔奖那样可以永久续存的信托基金。

罕见病的最大问题之一就是患者招募，一般都需要好几年，最后招募不成，就不得不放弃药物研发。

"我们通过大数据，以小时为单位，精准锁定患者，曾经两个小时就招募了700名患者，加快了药物研发，我们还搭建了细胞试验平台。"蔡磊说。

然而，他全身心付出的事业、理想，现实中却屡屡碰壁。

首先是融资。科研需要资金和资源支持，蔡磊在互联网行业参与的融资超百亿元，他天真地以为自己可以轻松实现融资10亿的目标。然而，路演了不下200场，投资人并不看好。他越发明白，渐冻症这样的罕见病投入与产出不成正比，不符合商业投资的逻辑。

"这也是为什么我们从找投资基金，努力了一年多最后更多转向慈善信托、公益基金形式了。"蔡磊说，投资基金一般会在后期介入，"前期是你要有科学突破，有实验成果和数据出来。所以我现在主要做早期介入，甚至某些个体，他有技术能力，我们也帮他去转化。"

蔡磊不是没摸到盈利模式。"实际情况是，我们放弃了很多商业上可以弥补我们成本的收益，而选择了持续投入。这是别人把我们这个事业当成慈善的原因。现在大家都看到了，我已经组建了世界上最大的关于渐冻症的患者群体和科研平台，要想变现是非常容易的。"

蔡磊坚持，公司现阶段不以营利为目的，而是锤炼商业模式，创造更多价值，把治病救人、突破科研放在第一位。

"如果你看到的病人，他们每天都面临死亡，如果我想着赚他们身上的钱，于心不忍，虽然说挣钱是完全符合商业逻辑的——我提供服务和产品，你来付费。但最终我还是放弃了。”蔡磊表示。

曾有投资人找到蔡磊，提出在商业投资基金方面可以投资，共同持股，也有人提议推荐外部 CEO，协助管理，但都被蔡磊拒绝了。前者他怕冲淡公司推进攻克渐冻症的初心；后者则是现实问题，“没有商业化，付不起 CEO 的薪水”。

有人将蔡磊比作堂吉诃德和西西弗斯，他攻克渐冻症的艰辛创业路，被比作“骑自行车上月球”。

回想起来，蔡磊倒觉得，自己创业之初，连自行车都没有：“就是一路奔跑，一个轮子一个把手，逐渐组成一辆自行车。之后，再把自行车改造成汽车，未来努力造火箭。”

起步时，蔡磊连基本的医学知识都不懂，一个医疗专家都不认识。20 多年的职业训练，练就了蔡磊强大的执行力和链接能力，很多著名的医学科学家都跟他系在了一起。

“我们的理念就是把不可能变成可能。”蔡磊说。团队目前有 40 余名员工，近半数是研发人员。公开招聘仍然是个难题，知名院校的毕业生很难招聘到。

“很多人觉得我搞的事不靠谱。有个别人来了很快就离开了，因为他不相信我在做的这个事能够成功。”蔡磊无奈地讲述。

4 “我的时间不多了”

药物研发，花钱如流水。钱从何来?

蔡磊开始自己捐钱，并于 2021 年发起“冰桶挑战”，邀请王小川等行业内外的企业家和爱心人士关注参与。

后来，他才意识到，药物研发有多“烧钱”。目前，蔡磊已参与和推动了 80 余条药物研发管线，其中已有 30 余条管线失败。

对于这个结果，他挺乐观，觉得自己在不断接近真相。“即便失败，也没时间沮丧。”蔡磊说。

“创业的本质就是九死一生，我们这个事的成功概率,有十亿分之一？”蔡磊反问，“全世界最顶尖科学家和药企的成功概率也还不到 1%，他们还有 1 万亿美元的投入。而我们一无所有，有的只是信仰和铁匠精神，有的是我们历经几十年长期锤炼的玩命的执行能力和创新开拓能力。”

一位专家评价说，蔡磊把整个渐冻症药物研发的时间往前推进了 10 年。

对于这个说法，蔡磊并不完全认同:“我们把药物研发的速度提升了 20—50 倍，这样的话，整体推进就不止 10 年，可能是 30 年甚至 100 年，因为在 2020 年下半年之前，过去 200 年间（渐冻症被人类所发现和认知的时间），整个中国关于渐冻症临床药物研发的实验只有 14 条，而今年上半年就不止 14 条。你说一共提升了多少倍？”

也有很多人说，这是一个自救的故事。

“其实刚创业的时候，我根本没想过自救。”蔡磊说，那时候，妻子都急了，对他嚷:“你这是在自杀，你知道吗？”

但蔡磊仍然孤注一掷。

有企业家朋友看不下去了，对他明确表示：“我捐给你 500 万元，你别再折腾了，好好休息行不行？”

蔡磊说，刚刚患病时，他还能自理，完全可以去享乐。但他的本性里就没有享受舒适的一面。

“人的生命就是很短暂的。”蔡磊感慨道，就像前不久他跟朋友交流时，那些大部分跟他年纪相当的人，接下来的生命也就 40 余年，“如果我被判刑还有 4 年就要去世，我的选择会变吗？”

“我最终的选择是不会变的，我反而会

更加珍惜时间。”蔡磊说，“我的时间不多了。重要的是，不纠结于自己的痛苦，不纠结于自己的失去。”

蔡磊记得，曾有一个病友苦口婆心劝他放弃。“你听大姐一句话，这个病越折腾死得越快，真的没有用，你不如把时间留给自己和家人，好好休息，多活两天。”

其实他也纠结过，但现在非常坚定，哪怕是自杀行为，也愿为之奋战。“所以当时我回答这位大姐一句话：天下事有难有易，为之则难者亦易，不为则易者亦难。”

这些年，蔡磊成了很多濒临崩溃的病友的精神支柱和情感寄托。于蔡磊而言，他原来的精神支柱是哪吒，后来变成了孙悟空。“‘我命由我不由天’在《哪吒之魔童降世》那部电影上映后流行起来，但哪吒最后死去了，我不愿意看到这个局面。”

“因为一旦我死去，可能病人就会感觉没有希望，所以我不希望成为哪吒，我希望成为一个持续奋战、拥有不死之身的人。”蔡磊说，“只有孙悟空可以，而且孙悟空有一个强大的精神，纵使不敌，也绝不屈服。”而且，“最终，孙悟空活下来了”。

5 “打光最后一颗子弹”

患病4年，蔡磊已有一年多没再去医院，力如太也不再吃了。

早上七八点起床，半夜一两点睡觉，不间断地开会，见投资人、医学专家，加上安抚病友……因为这次创业，蔡磊又延续了每天工作十几个小时的状态。一位长期跟踪他病情的医生说，他的病情进展明显加速。

医生给蔡磊的人生旅程下了最后“通牒”，但他所做的一切早就超出了有限的生命范围，向着无限的生命延伸。

患病这几年，蔡磊深感生命无常，生活无常。他仍在四处奔走，寻找绝望之外的希望，生命之上的意义。他希望有一天，即便他不在了，人们也能记住这种精神。

为了筹集持续的研究基金，蔡磊不顾病体劳累，开启了“蔡磊破冰驿站”直播间。直播间中，妻子负责讲解、带货，蔡磊坐在一边，偶尔补充两句。他们将直播赚到的钱再投入科研。蔡磊发誓要“打光最后一颗子弹”，将遗体和脑脊髓组织捐献给科研。

到目前为止，蔡磊还未找到第二个如他一般的人。一方面，他希望能找到事业的接班人；另一方面，他还在做另一番努力。

“即使我不能呼吸，不能说话，不能吞咽，完全躺在床上，除眼珠以外什么都不能动，我希望自己还能坚持工作。”

2022年3月，蔡磊开始撰写一本书，记录自己患病后的经历。

由于双手已经无法打字，只能采取本人口述、他人记录的方式完成，书名定为《相信》。他希望献给每一个努力生活的人，分享一些启发和力量，并给孩子留下一个记录和榜样，“儿子长大后哪怕不记得爸爸的模样，我们也能有这份联系”。

亚布力中国企业家论坛创始人田源在《相信》的序中写道：

想要攻克渐冻症很难，但只要这事值得做，他就要去做。

蔡磊很清楚，按照自己的病程，现在的一切努力大概率没法救自己的命，但他仍然义无反顾，因为这“一定会为之后的一代代病友带来更大的希望”。什么是企业家精神？在我看来，企业家精神就是挑战不可能，通过创新突破，一步步拓展人类的边界，扩大社会的福祉，创造社会的价值。蔡磊先生的所作所为，就是对企业家精神的完美诠释。

『敬礼娃娃』郎铮：15年努力终圆北大梦

✽依江宁

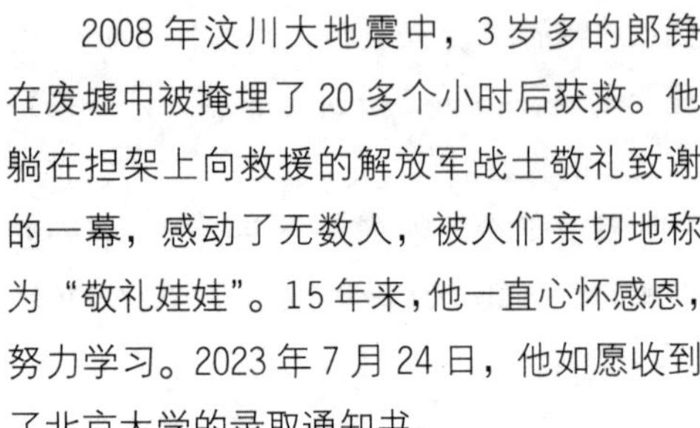

2008年汶川大地震中，3岁多的郎铮在废墟中被掩埋了20多个小时后获救。他躺在担架上向救援的解放军战士敬礼致谢的一幕，感动了无数人，被人们亲切地称为“敬礼娃娃”。15年来，他一直心怀感恩，努力学习。2023年7月24日，他如愿收到了北京大学的录取通知书。

以努力学习回应人间美好，以坚定步伐涉过苦难泥沼，成长的路上一路向上，活成了让人们钦佩的样子，给全社会上了一堂人生课。

他向解放军战士敬礼致谢的一幕感动了全国

2008年5月12日，一场突如其来的大地震袭击了汶川，造成巨大破坏。绵阳日报社记者杨卫华当晚便火速赶往重灾区北川县，但因道路不通，直到次日早上6点才抵达北川县城。

眼前是一片废墟，周围一片死寂，杨卫华突然听到一个孩子隐隐的哭声。他心里一紧，四处张望，但目之所及全是残砖断瓦，无法判断孩子在哪儿。于是他立即拿出手电筒往四处照，并大声喊：“你能看到光吗？”孩子没有回应，仍然在哭。循着哭声，杨卫华渐渐锁定了孩子可能被掩埋的位置。

他立即和赶来的几名解放军战士展开救援。经过两个多小时的努力，孩子被救了出来，他就是郎铮。当时郎铮浑身是血，左胳膊稍微一动就哭。战士们将他的左臂固定后，用担架抬起来准备送往医院。

杨卫华给郎铮喂了点儿盐水后，出于职业习惯，准备给他拍张照片。没想到，左手受伤的郎铮忍着疼痛，举起右手，向抬着他的解放军战士敬了个礼。

郎铮出身于军人家庭，爷爷是老红军，爸爸是警察。父母从小就教育他，要想成为顶天立地的男子汉，必须有坚毅的品格、感恩的情怀。他刚会走路就学会了敬军礼，也知道敬礼的意思是尊敬、致谢。感恩，是父母给郎铮上的人生第一课。

杨卫华用镜头捕捉到了这感人的一幕。照片刊登在《绵阳晚报》上，经网络传播，感动了国内外无数网民，大家都称他“敬礼娃娃”“敬礼男孩”。

郎铮被送到医院后，杨卫华经常去看他，陪他聊天，给了他家人般的温暖，也与他和他的家人结下了不解之缘。长大后的郎铮这样说：“他不是作为记者，而是作为亲人去关心我、照顾我。那个时候，我就觉得杨伯伯太好了。”

郎铮上小学一年级时，杨卫华和郎铮的父母一起送他到学校；郎铮参加少先队、第一次戴红领巾、第一次参与升国旗，杨卫华都在现场见证，并用相机记录了他成长的关键时刻。

心怀感恩，向阳生长

对郎铮来说，被废墟掩埋的记忆一直是心里的一片阴影。有段时间他很怕黑，晚上不敢一个人待在房间，不敢关灯睡觉。每逢下雨、刮风，他都很害怕，要紧紧抱住身边的大人，上厕所也不敢关门。直到9岁，这种情况才慢慢好转。

从废墟中获救的郎铮左上臂肱骨骨折、桡神经损伤。手术后，他左手的部分小指、无名指被切除。身为警察的父亲鼓励郎铮进行体育运动，在运动中舒缓心情，建立自信。在父亲看来，健康的身体是实现梦想的基础。所以，父亲不仅鼓励他，还陪他一起运动。周五放学后，父子俩经常在小区的篮球场上进行较量。

郎铮在运动中疗愈了心灵创伤，性格变得越来越开朗。他以球会友，结交了不少朋友。他还是校足球队的主力，乒乓球也打得很好，曾代表学校参加绵阳市乒乓球比赛，荣获团体第一名的好成绩。长跑也是郎铮的强项，小学三年级，他就打破了母校田径800米纪录。在他的书架上，挂着十几块足球、乒乓球等比赛的冠军、亚军奖牌。

灾难过后，郎铮一家人始终心怀感恩。对于帮助过自己的人，郎铮从来没有忘记。他说：“感恩，是我们所有遭受地震灾难的人学到的最重要的两个字。”他一直试图寻找将他从废墟中救出来的几名解放军战士，家人也十分支持他。2009年，郎铮在父母的陪伴下赶往重庆，找到了救命恩人。每逢节假日，他都会给曾经帮助他的解放军叔叔和医护人员发短信问候，还会打电话向他们汇报自己近期的学习、生活情况。

2014年，杨卫华因肝癌住院，郎铮一有空就去医院探望。在病房，杨卫华告诉郎铮的父亲，他已安排好郎铮今后读书的事，初中、高中都在四川省绵阳市东辰学校就读，并委托朋友以后帮忙照顾。

郎铮清晰地记得杨卫华跟他说的最后的话。那天，骨瘦如柴的杨卫华，眼神异常明亮，嘱咐郎铮好好学习，将来上个好大学，回报社会，末了还叮嘱郎铮不要担心他：“过段时间我再跟你继续玩。”

2015年2月26日，杨卫华不幸离世，郎铮哭成了泪人。分别那天，他并没有像当初那样用敬礼的方式向恩人告别，而是像儿子一样双膝跪地，送杨卫华最后一程。后来每年清明节，郎铮都会和父母一起为杨卫华扫墓，春节也会到公墓看望恩人。

杨卫华的魅力始终感染着郎铮，积极、阳光成了郎铮身上最突出的特质。除了爱好体育运动，郎铮还喜欢阅读，并从中汲取精神力量。他家有一个专门属于他的书房，书架上摆放着“二十四史”《水浒传》《狼图腾》《钢铁是怎样炼成的》等书籍。郎铮最喜欢读名人传记，也喜欢看军事战争书籍和历史书籍。他觉得读书可以让自己静下心来，丰富自己的知识。此时的他已经摆脱了童年的阴影，甚至不再害怕谈及地震的话题。

不懈努力，圆梦北大

读小学期间，郎铮的学习成绩优秀，但到了初中阶段，他在学习上遇到了困难，尤其是数学，成了他的短板。上初中后的第一次考试，他的成绩很不理想，在班里排名倒数十几名。那几天，郎铮比较消沉，在心中暗暗自嘲："在我们班，我就是个学渣吧！"细心的班主任赵静觉察到了他的低落情绪，找机会跟他聊天："郎铮，我觉得你身上有一缕最漂亮的光，是勇敢，是敢于面对。"郎铮不敢相信："真的吗？我觉得自己还不够勇敢，怎么办？"赵老师鼓励他要强大自己的内心，脚踏实地地前行。那次聊天之后，郎铮回到家，看到墙上杨伯伯拍的那幅《生命的敬礼》，想到地震时那么多人都坚强地挺了过来，有那么多人一路关爱着他，他暗暗发誓：决不能因为一次考试成绩不理想就变得沮丧。

很快，郎铮调整了心态，不断给自己打气：在学习求知的漫长道路上，只要每次超越自己一点点，步履不停，终将变得优秀。为了"每次超越自己一点点"，他付出了比别人多得多的努力，终于在中考时取得了不错的成绩。但数学仍是他的短板，面对困难，郎铮没有放弃，在兼顾其他学科的同时，勇猛地向数学这座"险峰"发起了攻击。幸运的是，上高中后，郎铮遇到了一位性格幽默、爱打篮球的数学老师。他喜欢和这位老师一起打篮球，学习上紧跟老师的节奏，渐渐发现数学不再那么难学。班主任刘昌志老师每次问他状态如何，他都说状态很好。高考前的那个寒假，其他学生都回家了，郎铮仍坚持每天早上 8 点到学校上自习。一旦认定目标就不停地努力，郎铮的坚忍让班主任感到欣慰。在班主任眼里，他聪明上进、开朗大方，发展全面而均衡。

在不断追求进步的同时，郎铮还不忘为老师分忧，发现班里哪位同学学习上遇到了困难，或者情绪上有什么异常，他都会主动提供帮助。有段时间，他发现有位同学因为学习压力太大情绪不稳，成绩下滑，就主动陪他聊天、散步，聊一些他比较喜欢的话题，转移他的注意力，成功帮助他走过了那段艰难时期。

在距离高考只有 3 个月的时候，郎铮自己也遇到了意想不到的麻烦，他开始失眠。晚上睡不着，而早上 6 点还要起床早读，持续失眠让郎铮一度非常焦虑。但在失眠的煎熬与高考迫近的压力中，他没有退缩，而是积极寻找自我调整的办法，比如打篮球、发呆，尽量让自己放松身心。他还不断自我暗示："你行！要相信自己。"一直到高考临近，他都顶着压力没有放松学习。

2023 年 6 月 23 日，四川省各地陆续公布高考成绩，郎铮高考总分为 637 分。得知自己的分数后，郎铮激动了一阵子，然后把自己"藏"了起来，他买了新书，每天看书、打篮球，把假期规划得井井有条。

从小郎铮就很关注时事，平时周末一家人团聚，也会聊一聊国内外发生的重大事件。所以，高考前他就决定将来就读国际政治专业，目标是北京大学，学有所成，报效祖国。

2023 年 7 月 24 日上午，郎铮收到了北京大学国际关系学院院长唐士其亲自送达的录取通知书，愿望得以实现。

从外卖小哥，到《中国诗词大会》的冠军

✼时小慢

让我们看到，热爱终将化作生命的精彩。

2018年，37岁的外卖小哥雷海为，抱着重在参与的心态，报名参加了《中国诗词大会》，没想到，竟然夺得了冠军。

要知道，他打败的，可是来自全国各地的重度诗词爱好者，哪一个不是百里挑一的人才？最后的巅峰对决，他的对手更是诗词圈公认的天之骄子，北京大学文学硕士彭敏。彭敏学识渊博，反应敏捷，参赛经验丰富，无论从哪个角度看都完胜雷海为。

可是，出乎所有人的意料，雷海为竟然凭借5∶1的绝对优势，打败了彭敏。

在后来的采访中，彭敏谈到这位对手，不无感慨地说道："雷海为就是武侠小说中的那种扫地僧，看着不起眼，但是能量惊人。一出手，就能震惊整个江湖。"

后来，雷海为的故事被搬上了荧幕，他对诗歌的执着与坚持，对生活的不妥协，看哭了屏幕前的无数观众。

那么，雷海为到底都经历了什么？他又是如何凭借诗词实现人生逆袭的呢？

1

说起来，雷海为在很小的时候，就与古诗词结下了不解之缘。

雷海为出生于湖南省洞口县的一个普通农村家庭，他的父亲是村里小学的语文老师，本身就很喜欢古诗词和散文。自然而然地，他希望自己的孩子也能爱上古诗词，成为一个心中有广阔天地的人。

雷海为5岁时，父亲就开始对他进行诗词启蒙。为了给他营造出学习氛围，父亲拿来一大摞大白纸，在每一张上面都写上一首古诗词，然后贴在厨房的墙壁上。

吃饭时，父亲会冷不丁地指着碗里的米饭，说"谁知盘中餐"，然后看向雷海为。雷海为立马就知道，"考试"来了，当他顺

利接出下句“粒粒皆辛苦”时，父亲会露出满意的笑容，然后两人才能继续吃饭。

在父亲的言传身教下，小小年纪的雷海为，就对古诗词产生了浓厚的兴趣，也养成了很好的学习习惯和态度。

从小学到初中，雷海为的学习成绩一直名列前茅。那时的他，信心满满，对未来的人生充满了期待。他梦想着能够考上北京大学，成为一个有出息的人。但是，这份美好的想象，很快就被打破了，他的人生开始偏离轨道。

一次期末考试后，班级要评选三好学生，雷海为也被提名了，他胜券在握，毕竟他可是班级里的尖子生。没想到，结果出来后，雷海为大失所望。

偌大的班级，竟然没有一个同学投票给他。而那些学习成绩差到离谱的学生，竟然还有不少的选票。大家之所以不投他，是因为他不合群。得知原因后，雷海为的自尊心受到了极大的打击。

从那以后，雷海为慢慢开始变得消沉起来，学习成绩也一点点地退步。

中考时，雷海为发挥失常，只考上了县城一所不太好的高中。这样的结果，雷海为自然难以接受。他心中尚存着大学梦，于是，他想转学到市里的高中就读，可是因为户口，最终还是没能转成。

没办法，他只好转到了一所中专院校，去学习自己并不感兴趣的机电专业。

中专毕业后，雷海为去了深圳的一家水厂，成了一名电工，每天过着两点一线的生活。这样枯燥无味的生活，仅仅过了半年，雷海为就受不了了，辞职后来到上海。

去上海之前，他对这个繁华的大城市充满了期待，满心以为，在那里他会有一个全新的开始，一个光明的未来。可是，去了之后才发现，这个城市的繁华，与他无关。

他能干的只有一些体力活儿，工地上的小工，餐厅里的服务员，大街上发传单的……这些工作，累且不说，挣来的钱也勉强只够解决温饱。

有一次，雷海为实在交不起房租，被房东撵了出来。他提着行李在街上乱晃，直到夜幕降临，也没找到住的地方。

到最后，雷海为来到附近的居民楼，在楼道里打地铺，就这样一连睡了9个晚上。

2

躺在冰凉、梆硬的地板上，雷海为内心苦涩至极，觉得出来混太难了，干脆还是回老家算了。可是，转念一想，红军长征时，条件比这艰苦一万倍，他们都熬过来了，自己这点苦算什么呢？

可以说，刚到上海的那段时间，光是生存下去，就耗费了雷海为大部分的时间和精力，他哪里还有闲心，再去古诗词的世界里徜徉呢？曾经那份最真挚的热爱，在生活日复一日的磋磨下，慢慢地被雷海为抛之脑后。

直到后来，他找到了一份礼品销售的工作，因为业绩出色，雷海为才勉强在上海站住了脚。这份工作有双休日，他也有了更多的闲暇时间。

那一年，恰逢电视剧《侠客行》热播。一句“十步杀一人，千里不留行。事了拂衣去，深藏身与名”，一下子就点燃了雷海为心中那久违的武侠梦，也让他重新拾起了对于古诗词的热爱。

那时智能手机和电脑还不普及。为了查到完整的《侠客行》诗词，雷海为跑遍了附近的新华书店和图书馆，也没能找到。

在寻找的过程中，雷海为无意间发现了一本《诗词写作必读》，一下子就被这本书吸引了。越看越觉得这本书写得太妙了，他当下就决定，把这本书买回去看。

可是，等翻到背面，看到书的定价时，他就傻了眼。16块钱，这对当时的雷海为来说，是一笔“巨款”，相当于他一天的生活费了。

最终，雷海为还是难以抵制住内心强烈的渴望，拿出了自己的午饭钱，买下了那本书。

从那以后，雷海为没事就去书店，看关于古诗词的书籍。没钱买书，他就在书店当场背诵。好在他记忆力还不错，别人背六七遍才能背下来的古诗词，雷海为背个两三遍就差不多记下来了。

一回到家中，雷海为第一件事就是拿出纸笔，把背下来的诗词默写出来。有时候，会碰到记忆不牢固，有个别字词不太确定的情况，雷海为就再去书店，找到那首诗词，重新确认之后，回去再写到本上。

就这样，在短短一年的时间里，雷海为用这种方式，硬是背下来了七八百首古诗词。

后来，雷海为所在的礼品公司因为经营不善，倒闭了，他再次失业。又一次陷入困境，雷海为淡定了许多，甚至还能从容地思考未来的去向。

这时候，雷海为的脑海中突然蹦出了一句古诗，“暖风熏得游人醉，直把杭州作汴州”，这是父亲教给他的第一首诗。

小时候，父亲曾跟他念叨过很多次，诗词里的杭州有多美。突然间，雷海为很想去那个有山有水的“人间天堂”看一看。他火速打包了自己的行李，来到了杭州。

3

到杭州之后，随着快递行业的兴起，他就转行送快递。到了2011年，手机支付开始普及，雷海为又成了一名外卖小哥。

他每天早早起来做饭，顺带把中午的饭也做好，吃饱之后，稍微休息一下，就开始接单送外卖，每天几乎都要忙到下午2点才回家，到家后把午饭一热，再换块电池，就又开始接单。

那时候，雷海为和几个同事合租。生活在集体之中，雷海为依旧是不合群的那一个。别的外卖员在劳累了一天之后，往往都是往床上一躺，沉浸在手机的世界里，看视频、打游戏，玩得不亦乐乎。

但是雷海为却对这些不感兴趣，也不参与大家的活动。可是，他从来不会感觉孤单。大部分时间，他都是抱着书，或者是自己抄写的诗词，看得停不下来，看到兴起，还会忍不住小声朗诵起来。在诗词的世界里，他感觉自己有数不清的朋友和知己。

一个下雨天，雷海为在送外卖的时候，不幸被车撞了，摔得不轻。他一个人躺在宿舍里养伤，突然接到母亲的电话，母亲好像有心灵感应一般，满是担忧地问他最近怎么样，什么时候回去。

听到这些话语，再看看窗外的瓢泼大雨，雷海为突然就想起了李商隐的那句“君问归期未有期，巴山夜雨涨秋池”。那一刻，雷海为感觉自己穿越了千年的光阴，和李商隐有了心灵上的交流。

就这样，那个或豪情、或诗意的诗词世界，给了雷海为无穷的精神力量。

每天临出门前，雷海为都会将《唐诗三百首》揣在口袋里，在等餐、取餐的间隙，赶紧掏出来看两眼。他给自己制订了一个计划，每天要背会一首诗，如果当天没有完成任务，他就会觉得那一天空落落的。

2016年，雷海为看到了《中国诗词大会》第一季的海选通知，跃跃欲试。可是一想到参赛的话，就得占用大量的时间和花费大量的金钱，这对囊中羞涩的雷海为来说，是一个负担不起的梦想。

但是，他没有轻言放弃，而是悄悄把梦想藏在心间。在接下来的时间里，他一边努力攒钱，一边继续学习古诗词。

到了2017年，看到第三季《中国诗词大会》开始报名的消息,雷海为感觉自己准备好了。

经过初试和复试之后，雷海为成了百人团的一员。他从未想过要在节目中取得多么亮眼的成绩，能够以诗会友，和大家切磋切磋,就非常满足了。如果能当一回擂主，玩一次飞花令，那就再好不过了。

也许正是这种“重在参与，不问输赢”的态度，让雷海为顺利从百人团中脱颖而出，有了站在舞台上的机会。雷海为凭借庞大的诗词储备，和淡定从容的心态，过五关斩六将，闯进了总决赛。

最后一场比赛，雷海为的对手是上一季《中国诗词大会》的亚军，北京大学文学硕士彭敏，几乎每一个人都觉得这场比赛毫无悬念，彭敏必胜。

4

可是命运常常充满了戏剧性，谁也没料到，事情竟然会发生反转。

决赛场，在抢答环节，评委画一幅画，选手要根据这幅画，猜出对应的古诗词。当评委刚刚画出了房子和窗户的轮廓，雷海为立马就猜到了答案。

评委一脸震惊，还以为雷海为是蒙对了。可是,雷海为却从容地给出了理由,“因为窗户画在了西边”。这个细节，连评委本人都没意识到。在场众人，无不叹服。

再加上，彭敏连续发挥失误，拱手让给雷海为了3分。最终，雷海为以5:1的绝对优势,打败了彭敏，成为冠军。那一刻，场上响起了经久不衰的掌声。

夺冠之后，因为离节目播出还有几个月的时间，雷海为又回到了杭州，继续送他的外卖，他从来没向身边人透露过一个字。直到节目播出后，认识他的人都惊呼，这个不起眼的外卖小哥，竟然这么厉害呀!

一时间，鲜花和掌声向他涌来，很多公司跟雷海为联系。有公司说要把他打造成一个网红，还有公司说要请他当代言人，年薪百万，但是都被雷海为拒绝了。

他就像当年带他回归诗词世界的那首《侠客行》中的侠客一样，事了拂衣去，深藏身与名。

最后，成都的一家语文培训机构希望雷海为能够去他们那里当教研老师。起初，雷海为习惯性地拒绝了，但是对方很执着。最终，雷海为决定先去考察一下。去那儿之后，雷海为发现，自己即将从事的工作大部分都与古诗词有关，于是很快就答应了下来。

可以说,到这里,雷海为终于熬出来了。可是，他却依旧淡然如初。每天的生活很简单，吃着粗茶淡饭，穿的还是当年送外卖时的夹克。每天最开心的事情，就是带领一群热爱古诗词的孩子们读诗词。

业余时间，雷海为全都贡献给了书籍。如今，除了古诗词类相关的书，越来越多的人文社科类书籍也进入了他的书单。谈到未来,雷海为说,希望自己能够成为一名学者。

相信有朝一日,他一定会实现自己的目标。

从一个外卖小哥，到《中国诗词大会》的冠军，雷海为带给我们很多的思考。

他不仅让我们看到了知识是怎样改变命运的，更是刷新了我们对于诗词的认知，让我们知道，应该以怎样的情感和态度，来对待诗词；同时，也让我们看到，热爱终将化作生命的精彩。

站在人生的『米』字路口

✻王潇

1

婷婷睡在我的上铺，她和我同一届研究生入学，学的是中国画专业。她生在平遥古城的青砖大院里，细眉细眼，身姿修长，讲起话来语速很慢，我们大笑的时候她都在微笑。

婷婷和另外两个中国画专业的同学分得画室一间，推门进去扑面一股墨香，画铺满四面墙壁和案头，层层叠叠。虽然我也分得一间画室，但由于专业关系，只得摆放两台电脑，了无生趣。我羡慕婷婷的画画生活，因此常去串门。

婷婷每天在食堂吃完早饭就躲进画室，一画就是一天。我记得研一时，婷婷在寻找主题方向上很是忧愁了一阵，她即使忧愁也很安静，只是坐在画纸面前托着下颌，见我这闲人又推门进来，就问我："潇儿啊，我画什么呀？我站在人生的'米'字路口上了。"

我特别喜欢"米"字路口这个说法，形象无比。

后来有一天，婷婷突然很欣喜地告诉我她有了想法，她决定用水墨表现女人的高跟鞋！于是她就画了起来，先是一只一只的，后来多了，就连成一片一片的。间歇里她也画些别的，比如小鸟、衬衫、红烧肉，旁边还用特别娟秀好看的小楷题字，连门上的留言条都是水墨图文相配的。

婷婷的高跟鞋一画就是一年，这一年里，我先跟学生代表团出访了德国，回来后和一帮旧友设计了一个晚宴背景，从鼓捣设计软件开始，到最后一路拖拉着交了设计稿，竟然拿到五千块钱的报酬，更没想到的是这成为我创业的缘起。

那时我想考托福但学不进去，每隔两个小时就去推婷婷的门。她始终维持在一个位置，站累了就坐着，坐烦了再站着。除了手臂握了笔杆蘸了墨汁慢慢移动，看着就是静止的画面。

知道了设计可以换钱后，我第二年比第一

世间本无确定的正道，哪个最适合自己，哪个就是正道。

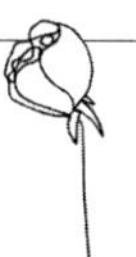

年更忙。我还是常去看婷婷，发现她已经开始改画瓶瓶罐罐，完成的作品挂了满墙。

我问她："这幅瓶子画准备定价多少啊？"

"一万块吧。"

"这有多少个瓶子啊？两百来个吧？"

"差不多，我也没数。"婷婷乖乖地说。

"那相当于五十块钱一个。"我的商业天赋已经显露出来。

"对呀，五十块钱一个。"婷婷好开心。

"你再画一百块钱的，咱就吃饭去吧！"

春去秋来，婷婷的生活按部就班、一成不变，但我发现她一点也不闷，非但不闷，简直已经有画嗨了的迹象，可以不吃不喝、不眠不休，而且作画时面带微笑，我都怀疑她已经神笔马良上身。

2

研究生的最后一年，婷婷的第一个画展在798开幕了。我帮婷婷设计了请柬，做请柬时我就想，婷婷两年多来，只做这一件事，心无旁骛，有如闭关修炼。老天要真眷顾起来，一定会让婷婷这样先天灵秀、后天勤奋的人，早一些达成愿望的。

不出所料，第一个画展，婷婷一口气卖掉了十几幅画。

毕业前夕，各路人马都在告诉婷婷她需要开始谋生了。大家都开始制作简历，国画系油画系的同学也整理起作品集。我此前工作过三年，深知大家将要面临的险恶江湖和之前躲进小楼成一统的生活有多悬殊，我不禁担心起婷婷。一推门，发现她还坐在那儿画瓶子呢。

"你干吗呢？"

"画画啊！"婷婷觉得我明知故问。

"他们都去招聘会，你怎么不去啊？"

"我没想好要不要去呢……潇儿啊，我站在人生的'米'字路口上了。"

"你呢？你找好工作了？"婷婷反问我。

"我决心已定，我要走上创业之路。"我脸上的表情一定很坚毅。

"你真勇敢啊！"婷婷仰望着我。

"我想过了，我不妨先试试。真有一天创业失败，再找工作，也不是不可以。"

婷婷放下了画笔，瘦瘦的双臂交叉在胸前："我没有想好，是找一份工作，还是做职业画家，这样一直画下去。"

我安静地听她继续说。

"如果找一份工作，我一定会后悔；如果做职业画家，我可能会很穷。"婷婷面对的真是截然不同的两种人生啊。

"职业画家是你的理想吗？"我问她。

"嗯，我爱画画。"毫无疑问，雷打不动坚持画画将近三年，只有热爱可以解释。

"如果我是你，不妨先当职业画家，真有一天活不下去了，再找工作，也来得及。"聪明如婷婷，当然来得及。

"嗯，我觉得你说得对。"婷婷微笑起来。

3

毕业整整两年了，婷婷做了职业画家，我注册了自己的公司。我们都没有穷死。

两年间，婷婷的各种画展接踵而至，画越卖越多，展越办越好。我新办公室开始使用时，婷婷送来一幅大大的早期高跟鞋作品，我把它裱好挂在墙上，命名《辟邪图》。

世间本无确定的正道，哪个最适合自己，哪个就是正道。婷婷其实从来就没有在"米"字路口上彷徨过，她早早就知道自己热爱的是什么，从年少一直坚持到今天。顶多，她只是在走到"米"字路口时停了停，四下张望，然后更坚定地走上了自己的理想之路。我希望我也是。

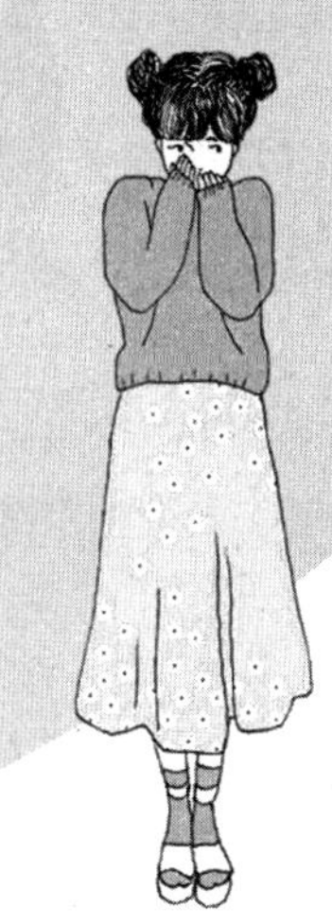

凡是打不倒你的，

终将使你更强大

每一个强大的人，都曾咬着牙度过一段没人帮忙、没人支持、没人嘘寒问暖的日子。过去了，这就是你的成人礼，过不去，这就是你的无底洞。

如何度过人生的低潮期

✽衷曲无闻

1

李安最初去好莱坞发展的时候遭遇了很大的挫折，曾蛰伏六年做“家庭煮夫”，靠攻读博士的妻子微薄的薪水度日，在此期间，他的两个儿子相继出生。

为了缓解内心的愧疚，李安每天除了在家里大量阅读、看片，埋头写剧本，还包揽了所有家务，负责买菜、做饭、带孩子，把家里收拾得干干净净。

面对现实的窘迫，李安一度想要放弃电影改学计算机。妻子察觉到他的消沉，一夜沉默之后，在上班前给他留下一句话：“李安，不要忘记你的梦想。”

接受采访的时候，回忆起这段难熬的生活，李安仍然十分痛苦：“我如果有日本丈夫的气节的话，早该切腹自尽了。”

第 85 届奥斯卡金像奖颁奖典礼，李安凭借《少年派的奇幻漂流》获得最佳导演奖。毫不夸张地说，他架起了东西方文化沟通的桥梁。

2

采访过李安的人都深深折服于他的儒雅和谦卑，即便他已经取得了很大的成功，但他却没有那种一夜成名后不可一世的习气。

这些背后，李安到底经历过怎样的煎熬，没有人知道，就算了解一二，也无法感同身受。也许他学习了很多电影拍摄的技术，把自己的剧本分析能力储备得更好；也许他不免感到抑郁，觉得自己很失败，未来已经看不到希望。

可正是因为这些负面情绪，才让他更加能够深刻地理解每一个小人物的内心，拍出让人惊掉下巴的作品。

很多人的成功本就是努力、关系、出身等各种资源加持后的结果，籍籍无名的人和他们的差距，也许仅仅是缺乏机遇而已。

在李安的人生低潮期，他能够用更宽容的心审视这世间的每一个人。成功人士并没有什么了不起，暂时失败的人同样有翻盘的机会。

所以，李安的电影更有人情味，他获奖、被赏识、得到盛名，也是当之无愧的。

3

低潮期就像失眠，不分对象、不看时机，每个人都可能会经历。有人一蹶不振，有人则静静蛰伏。

中国香港，繁重的体力活儿让空调安装员郭富城活得非常累；陕西农村，陈忠实接到《白鹿原》可以出版的消息时，笑着说终于可以不用养鸡了；未成名前，郭德纲饿得实在没招了，用寻呼机换了两个馒头吃；艾弗森踏入职业篮球场，身边的人告诉他，你可以把目标定为每场得 10 分和 5 次助攻，因为你太矮了……

正如马丁所说，每一个强大的人，都曾咬着牙度过一段没人帮忙、没人支持、没人嘘寒问暖的日子。过去了，这就是你的成人礼；过不去，这就是你的无底洞。有时候，如果你愿意换一个看问题的角度，低潮期反而会是自我增值最好的时候。

在人生路上，我们需要警醒的不是失败，而是一帆风顺。一个人一旦志得意满，过早拥有金钱、声誉、名利，可能就不会再继续磨炼技艺、提高能力，而是放任自己坐吃山空。或者为了守住拥有的一切，不堪重负。

处于低潮期，你反而会更有动力和契机去学习提高，进行自我调整。当你的机会成本降低，反而可以做到心无挂碍。因为你已经再也没有什么可以失去的了，咬咬牙、擦擦汗，奋力一搏之后说不定就触底反弹了。

4

我的大学同学李凯，同样经历过一段人生的低潮期。

顶着一身光环，各种获奖证书等身的他，一毕业就拿到了一家500强企业的offer。当他踌躇满志准备好好施展一番抱负的时候，却一直受到上司的打压和排挤。

他一度苦闷难当，想要辞职走人另谋高就，心里却一直有个声音追问自己，眼前的工作都干不好，重新找工作会有人要吗?

在自己被边缘化的那段时间，他先是保质保量把工作做好，然后重新定位自己，去发掘自己的优势和专长，利用工作以外的时间给自己充电。总结得失以后，他发现自己很爱这份工作，尤其对产品研发抱有极大的热情，只是缺少工作经验和系统性认知。

找准方向后，他开始大量阅读政经历史、行业报告和优秀论文，一坚持就是半年。不但知识得到更新，看问题也越来越客观，还能顺带瞧瞧别人倒霉的时候是如何挺过去的。在这个过程中，上司慢慢接纳了他，他也真正理解了上司的用人标准——实力才能决定一切。

谁都无法预知人生的每个低潮期有多长，我们唯一能做的就是不要得过且过，让自己陷入沮丧中无法自拔。学点有用的东西，尽力做好手边的事，一切都会烟消云散。

人们钦佩和赞同那些自强不息的人，是因为他们不会因为地位的改变而自暴自弃，也不会因为财富的减少而意志消沉，更不会因为他人的诬蔑或误解而自我怀疑。他们能在逆境中保持乐观向上的心态，守住底线做事，等待翻盘。

最穷不过讨饭，不死终会出头。

5

刘亮程在《一个人的村庄》里写道:“落在一个人一生中的雪，我们不能全部看见。每个人都在自己的生命中，孤独地过冬。”

通俗点讲，就是每个人一生中都会遇到很多挫折与磨难，他人无法完全知晓。每个人在这些艰难的时刻，都只能冷暖自度。

如果你正处于人生的低潮期，不要拼命挖掘情绪，不要过度沉迷过去。尽量让自己忙起来，看书学习、运动健身、外出旅行，试着把生活填满。每天把自己打扮得精致一点，穿好看的衣服外出，心情会好很多。如果实在很难熬，就找朋友谈谈心，可以的话，哭一场也无妨。

记得加倍爱自己，千万不要去做自我毁灭的事。你要像冬天里的种子，积蓄力量，默默成长，等时间到了，便会春暖花开。

新生儿睡觉的时候，是握着拳头的，这是一种警觉、自卫的举动。那是因为他们知道，若要长大成人，就得历经万千的挣扎与打拼。

重夺金腰带的张伟丽和她认输的567天

✽狄银杰　米利暗

冠军不是在体育馆中诞生的，冠军诞生于人们的内心深处，它可以是一个渴望、一个梦想或一项愿景。

张伟丽终于赢了。她将手举起，做出一个很有力量的动作，而她腰上佩戴的，是象征着UFC女子草量级世界冠军的金腰带。

此时，距离2021年她输给罗斯、丢掉金腰带，已经过去了567天。阔别冠军头衔一年多之后，张伟丽终于重返巅峰。

“谁胜谁负天知道”

2021年3月，张伟丽遭遇了一场巨大的失败。

那是在美国佛罗里达州，她的对手是“暴徒玫瑰”罗斯，她因为判断失误被击倒，然后陷入被动，最后被高抬腿KO。

宣布卫冕失败的时候，张伟丽甚至觉得有些委屈。她觉得裁判叫停太早了，她还有意识，还能继续抗争。

张伟丽从小习武。父母看到女儿有天赋，就把她送到了一所武术学校学习。学校里有300个男生，只有20个女孩，后来其他女孩都选择了更容易的武术表演，只有张伟丽选了散打。14岁，她就拿到了河北省青年散打冠军，后来加入了江苏散打队，但是因为受伤，她被迫退役了。

为了生计，她干过很多零活儿，当幼教安保，在酒店当前台，在超市做收银员。后来她看到了健身房里一人高的沙袋，才像认出了什么一样，停下了脚步。

在健身房里，她平时当教练、卖卡，等到晚上下了班，就在跑步机上锻炼，狠狠打沙包。

在这里，她遇到了专业 MMA（Mixed Martial Arts）运动员吴昊天，后来又经介绍认识了她的贵人蔡学军，正式进入了 MMA 的圈子。

MMA 的中文名叫综合格斗。不过，综合格斗不是一种正式武术，而是把各种格斗技综合在一起的混合武术。它允许各种武技的选手参加。

对运动员来说，它是对肉体和精神的双重考验。

张伟丽每天有着严格的训练计划，早上 6 点起床准时吃饭，吃完热身，上午练泰拳，下午练体能和柔术，晚上有时候还要加练。

吃饭更要注意，对运动员来说，身体就是最锋利的剑戟。

有一次，她看到路边有人买了碗凉皮吃，她羡慕得哭了出来。

这种状态下的张伟丽，似乎和现在最流行的“松弛感”无缘。

终于，张伟丽拿到了属于自己的成绩：她被 UFC 看中并且签约，3 场比赛之后，她的排名就上升到了第 6 位。

她很期待再往上走一走，因为她的目标从来不是半山腰，而是顶峰。

但是 UFC 的规定是，后面的人需要不停挑战才能继续向前，但是她已经找不到对手了——对排名在前的人来说，向下挑战无异于搬起石头砸自己的脚，她尝试着联系过几位选手，要么没有音讯，要么答应了以后又反悔。

最终张伟丽迎战的，是冠军安德拉德。她愿意和张伟丽打，也并非单纯欣赏张伟丽，只是为了卫冕，挑战下一阶段而已。

两个人定下比赛时间以后，张伟丽便开始了辛苦的备战。

就像小说里武林高手大战前要闭关一样，张伟丽每天早出晚归，针对安德拉德做出了 5 套方案。但能不能用上这些套路和手段，没人知道。

仅仅用了 42 秒，安德拉德就倒在了台上。7 年的备战，用 42 秒的光辉铸就。

张伟丽一炮打响，成为 UFC 草量级世界冠军金腰带得主。

她也成为中国首个，并且是亚洲首位 UFC 世界冠军。

此后，张伟丽继续迎战。

她出场的 BGM 一直是《沧海一声笑》，因为里面那一句，“谁负谁胜出天知晓”。

顶尖的格斗比赛，是强者与强者的较量，她赢过，自然也输过。

张伟丽一直要求自己，“跟强者比她的强项，你摔跤好我就和你比摔跤，你柔术好我就和你比柔术”。

就像武林第一高手，与剑客比剑，与拳手拼拳。

天生王者

张伟丽到底厉害在哪里？

在MMA这项充满暴力、血腥和恐怖的运动中，张伟丽所展现出来的勇敢与坚忍，是普通人难以想象的。

电影《百万美元宝贝》里有一句话，如果拳击运动有诀窍的话，那么这种诀窍就是不停地战斗，超越耐力的极限，超越折断的肋骨、破裂的肾脏和脱落的视网膜。

面对训练中的痛，节食减重的苦，小众运动孤军奋战的经济压力，她还是凭着一腔孤勇打败了一个又一个强悍凶残的对手。

张伟丽第一次拿到金腰带的那天晚上，没有把金腰带放在枕头边上，而是放在酒店的梳妆台上。

“我觉得这一切就应当是我的。”

张伟丽从来没掩饰过自己想要赢的欲望，获胜以后，也根本不会患得患失。

因为一切不是从天而降的，而是她一点一点训练，一天一天用自己的命换来的，是她当之无愧的荣耀。

在和乔安娜的那场著名的比赛中，有一个环节是双方互飙脏话。

乔安娜不仅赛前在网上发图片挑衅，做小动作，到了互飙脏话的环节，更是喋喋不休，不堪入耳。

对这一切，张伟丽只说了一句：我会用我的拳头让你闭嘴。

两位女士贡献了UFC历史上最精彩也是最激烈的一场比赛。

张伟丽赢了，卫冕金腰带成功。

关于赛前双方之间的冲突，张伟丽回应得彬彬有礼：“八角笼里不说垃圾话，我们要给孩子立榜样，我们是冠军，不是暴君。”

赛后，两个人都被强制住进了医院，她们再次相遇了。

赛前气焰嚣张的乔安娜在医院里一直哭，一连几个小时泣不成声。张伟丽试图安慰她，但又碍于语言不通，只能不停地说：“Good job.（你做得非常好。）”

没想到，道别的时候，乔安娜突然对张伟丽说：“你要卫冕下去，我会一直看着你。”

愿打，服输，彼此尊重，这就是习武之人的精神。

张伟丽尊重她的每一位对手，她绝不会为对方的失败而庆幸，为自己的胜利沾沾自喜。

极强的攻击性和谦逊宽容这两种水火不容的特质，竟然可以在一个女人身上如此完美地融合。

张伟丽成功的意义，就像《摔跤吧，爸爸》中所提及的：“你的胜利不是你一个人的，你是所有不愿意一辈子面对锅碗瓢盆的女孩子的榜样。”

无论男孩还是女孩，张伟丽都提供了一种可能性，一种可以被仿照的未来。因为坚忍、勇敢、刻苦、谦逊，是超越性别的人类精神。

如果说张伟丽第一次系上金腰带，改变了中国人乃至亚洲人、黄种人的运动历史，那么张伟丽这一次在纽约拿到了金腰带，就像她自己说的：“我觉得我是世界的伟丽。”

拳王阿里说过一句话：“冠军不是在体育馆中诞生的，冠军诞生于人们的内心深处，它可以是一个渴望、一个梦想或一项愿景。”

感谢张伟丽，让我们有幸见证了冠军强悍的人生！也祝愿每一个有梦想的人都能坚持到最后。

命运发给你什么牌不重要，重要的是你用什么样的态度去面对。

每个人都有自己的黄金期

✽梁水源

在第95届奥斯卡颁奖典礼上，许多人被杨紫琼深深打动了。61岁的她，凭借电影《瞬息全宇宙》，获封奥斯卡最佳女主角，成为第一位亚洲影后。然而，在通往奥斯卡领奖台的路上，杨紫琼奋斗了整整40年。在获奖感言中，她说："希望所有女性，不要听信任何人说你早就过了你的黄金期，绝对不要放弃。"这句话，其实就是她真实人生的写照。

杨紫琼出生于马来西亚一个富裕的华人家庭，她从小学习芭蕾，15岁考进英国皇家舞蹈学院。"那时，我的梦想是成为一名专业的芭蕾舞演员，然后开一家属于自己的芭蕾舞学校。"杨紫琼说。可惜在一次训练时，她不小心摔倒，伤到了脊柱。"你这辈子不能再跳芭蕾舞了。"医生的一句话，生生掐断了她怀揣了十几年的芭蕾梦。但杨紫琼实在舍不得舞台，便转修了舞蹈，又辅修了艺术，拿到了学士学位。然而，正是这阴差阳错的转变，冥冥中注定了她与电影的缘分。

21岁那年，杨紫琼参加马来西亚小姐评选，美丽的外表、独特的魅力，加上多才多艺，让她毫无悬念地摘得冠军头衔。因此，杨紫琼得到广告商的青睐，开始和成龙等明星拍摄手表广告。随后，杨紫琼被洪金宝创立的德宝电影公司看中，开始在中国香港发展事业。可是，顶着选美冠军的光环出道，公司对她的最初定位就是“花瓶”。果然，在第一部电影《猫头鹰与小飞象》里，她就饰演了一个弱质纤纤的女教师。她被要求扮演玉女小白兔，只需要楚楚可怜等待救赎就可以。“我打心底抵触这种柔弱的角色。”杨紫琼说，她更不甘于成为所谓“颜值担当”。

一天，杨紫琼在观看“洪家班”练武时，触发了她的“女侠梦”，于是找到了导演洪金宝，问：“洪导，能不能让我试试动作片？”洪金宝一听，连连摇头：“你一个富家千金拍什么武打片？做个漂亮女主就行了。”越是这样，杨紫琼越不服气。她每天软磨硬泡在片场看演员“套招”，还剪掉了长发、把皮肤晒黑，从头学习拳击和武术等动作，接受密集的体能训练……有心人，天不负，杨紫琼的决心打动了导演。1985 年，杨紫琼主演了人生第一部动作片《皇家师姐》，用一身好武艺向世人证明了“我是有真本事留在这里的”。从此，杨紫琼成为一名实实在在的“打女”。

然而，“打女”之路可不好走，杨紫琼在拍摄《警察故事Ⅲ超级警察》时摔至骨折，甚至差点没命。“命运发给你什么牌不重要，重要的是你用什么样的态度去面对。”作为富三代的杨紫琼，明明可以靠颜值，偏要在动作片里玩命。在拍摄《阿金的故事》中，她从 18 米高的桥上跳下来，颈椎受伤，断了 3 根肋骨，险些瘫痪。就这样，杨紫琼凭借干净利落、流畅漂亮的打戏，在男人扎堆的动作片里，硬是打出了自己的路子。由于太过玩命，她被列进了香港保险公司黑名单。

“作为一个演员，第一个责任就是你的演技。”杨紫琼说。1997 年她进军好莱坞，参演了 007 系列电影《007 之明日帝国》，成为有史以来第一位华裔“邦女郎”。杨紫琼在影片中塑造了一个全新的“邦女郎”形象，果敢、强大、自信，是一名可以和邦德并肩作战的独立女性。她以漂亮的身手，打下了在好莱坞的江山。而让杨紫琼真正扬名海内外的，是电影《卧虎藏龙》的全球公映，这部影片在第 73 届奥斯卡金像奖上独揽最佳外语片等 4 项大奖。

辉煌过后，便是沉寂。虽然很多人认为她已经过了人生的黄金期，但杨紫琼从不对自己设限，也从不放弃前进，她始终在等一个与自己高度契合的角色。这一等，就是 40 年。2022 年，科幻喜剧《瞬息全宇宙》一经上映，在全球范围内引起轰动。这一次，杨紫琼遇到了仿佛是为她量身定制的角色：洗衣店老板娘伊芙琳。这样一个普通的中年妇女，靠着连接各个版本的“自己”，获取各种超技能，最终成功解救了自己的家人，缓解了宇宙的危机。原来，中年女性，也可以做拯救世界的英雄！杨紫琼感慨：“这个角色我等了 40 年！”最终，她凭借这部影片接连拿下金球奖、美国演员工会奖电影类最佳女主角，还当选 2022 年《时代》周刊“年度偶像”，成为首位获此殊荣的亚裔女星。

“其实很多女性职业生涯的高光时刻都在所谓黄金时期之后。”杨紫琼说。每个人都有自己的黄金时期，只是出现的时间不同而已。现在，她终于梦想成真，夺得奥斯卡影后。回看她这一路，从辉煌、低谷，再到巅峰，你会发现：她一直在为自己而活，几乎从来没有停止前进的脚步。一个年过 60 的女演员，还拼杀在一线，她不被年龄束缚、不被性别束缚、不被别人的定义束缚，靠自己的勤奋和努力，从亚洲“打”到世界，这份勇气和胆量难道不值得钦佩和学习吗？

黄轩：我的精彩正在彩排

✽ Molly

他的人生里，好像总是差那么一步，机会看似触手可及，转眼又咫尺天涯。

出道10年后，黄轩终于红了。

不同于一些“小鲜肉”，黄轩从籍籍无名到当红小生，他一不靠包装，二不炒绯闻，能得到各大导演的青睐，靠的就是过硬的演技。他们评价他的表演“有灵性、没匠气”，说他是“中国电影的未来之星”。

但就是这么一个演技一直在线的演员，等自己的春天却用了10年之久。

而在此之前，用一个词形容他的演员生涯，或是说他的人生，“倒霉”比“坎坷”两字更贴切。

1

熟悉黄轩的人不难发现，他性格孤僻、忧郁，且极度缺乏安全感，在人群中，他总是最安静的那一个。面对生人，他也总是有些不知所措。

这一切，源于童年时期家庭的破裂，直到现在，伤痛也难以愈合。黄轩曾说，虽然能理解父母分开，但心里还是会难过，对爱情，也是既期待，又害怕。

父母离异后，黄轩随母亲移居广州，那是他的一段“很压抑、很孤独的岁月”。

因为生性敏感、没有朋友、语言不通，加上家庭生活也比较艰难，他变得越来越沉默。

直到黄轩考入广州舞蹈学校

后，他在舞蹈中找到了自我，这段孤独时光才暂时结束了。然而，他并没有就此等来光明的未来。

在一次集训中，黄轩因为腰部受伤，错过了重要的比赛。回忆养伤的时光，黄轩说自己当时“度日如年”“每天躺在床上看电视剧”，茫然又无助。而电视剧看着看着，也让黄轩萌生了当演员的想法。

黄轩尝试考中央戏剧学院，但很遗憾，他止步三试；第二年他又参加了艺考，结果还是落榜。

黄轩的人生里，好像总是差那么一步，机会看似触手可及，转眼又咫尺天涯。

黄轩虽然少言寡语，却绝不是个轻易放弃的人。最后，他折中选择了北京舞蹈学院的音乐剧系。

演员的梦想已经在他心里扎了根，所以他一心只朝着这个方向行进。

2

命运垂青一个人的方式有两种：一是从天而降的幸运，二是猝不及防的玩笑。黄轩就属于命运喜欢用第二种方式眷顾的人。

刚考上大学的黄轩就被张艺谋导演选中，获得出演《满城尽带黄金甲》中小皇子一角的机会。对有着演员梦想的他来说，被张艺谋选中是莫大的荣幸，他说：“那个时候，我那么想当演员，就遇到了张艺谋导演，通过面试，还跟我说就是你了。”

黄轩为这部电影前后试戏试妆半年多，可是临近开拍，剧本却发生变动，小皇子的年龄从 19 岁改到了 14 岁。本已是囊中之物却被迫拱手让人，这让黄轩受到了很大的刺激。

不但如此，电影首映礼的总导演，还专门去舞蹈学院选了他去伴舞。

“记得那段时间，我都不能听见‘黄金甲’这三个字。”

“我一直想退出，那个导演知道了这个缘由后，就找到我，说我一定要去伴这个舞，要去锻炼自己的内心。”但命运还未就此罢休，它没有停止对黄轩的折磨。

后来黄轩被选中在《海洋天堂》里与李连杰合作，饰演他患有孤独症只喜欢在水里游泳的儿子。

为了演好这个角色，他用一个暑假的时间去北京郊区的孤独症患者学校体验生活，跟他们一起吃住，又泡在泳池里拼命训练游泳。

但他还是突然接到了副导演的电话，告诉他，角色已经定下了别人，片方只给了一句“不合适”。

可笑的是，相似的“剧情”在黄轩的人生里一而再，再而三地上演。

王小帅导演的《日照重庆》也找到了他，但最终还是被换掉。

黄轩参加《红楼梦中人》选秀时，经过层层选拔，他已经进入贾宝玉组的决赛，但因为短信投票数不够被淘汰，最后只分到了一个戏份少得可怜的薛蝌的角色。

命运给黄轩的惊喜永远只在一瞬间，他就像做了一场场仓促的美梦，梦醒了，就只剩加倍的失落。

3

那段时间，黄轩不断地与各种各样令人艳羡的机会失之交臂，调侃起那时的处境，黄轩笑言："这个时候，我的人生又从低谷落入更深的低谷——父亲突然去世。"

因为担心爷爷奶奶承受不住，他选择隐瞒，一个人守着秘密痛苦地过了3年。

因为没戏拍，他只能向公司借钱，欠了20多万元。

如果说，每个人都有"瓶颈期"，那么黄轩，就是在"瓶颈年"中苦苦挣扎。

为了排解心中的苦闷，缓解令人窒息的压力，他开始看书、练字、喝茶、旅行，也学习如何跟自己相处：他让自己慢下来，让浮躁的心安静下来。

正是这段时间的磨砺，和这样的生活方式，黄轩养成了一种宠辱不惊、淡定从容的气质。到现在，红了的他也不过多应酬，保留着那些安静闲适的习惯。

终于，黄轩还是凭着自己的坚持和努力打动了命运。幸运，终于找上了这位早已准备好了的演员。

因为欠他一部电影，娄烨拍电影《推拿》时，第一个想到的就是黄轩。《推拿》拿到了柏林银熊奖，梁朝伟对黄轩十分欣赏，对他说："在柏林影帝的竞争中，直到最后时刻，你都在评审团的选择范围中。"

此后，黄轩的事业渐有起色，接连拍摄了《黄金时代》《芈月传》《芳华》《九州·海上牧云记》《妖猫传》等影视作品，逐步进入当红小生行列。

4

如今，再回想当年的种种经历，黄轩说："我觉得这些经历最重要的意义是，让我认识到演员就是永远'被选择'，然后'等待'，即便超级大牌都无法避免，这是这个职业的特性。别人没有说一定要用我，不一定要给我机会，我知道自己做到就好了。其他很多因素，可能有别人的考虑，我就没办法，所以我心态还挺好。"

黄轩曾评价自己"是两极的"。他时而温暖，时而忧郁，时而不羁，又时而乖巧。他可以是温文尔雅的翩翩公子，也可以是荷尔蒙爆棚的喋血硬汉。

他是一个可塑性极强的演员，也是一个十分具有弹性的演员，能轻松驾驭形形色色的角色。

曾经的怀才不遇和坎坷崎岖，反而造就了他宽广的戏路。踏实演戏，他的演员生涯只会越来越坦荡。

"作为一个演员，你不能让观众知道你穿的是什么颜色的袜子。"

偶像丹尼尔·戴·刘易斯说的这句话，就是黄轩希望自己作为演员可以拥有的理想状态，用他自己的话来解读，就是："我想演一辈子的戏。我希望到五六十岁的时候我接到一个角色，我依然会紧张，依然会焦虑。这说明我没有被传统的所谓经验给模式化。"

——黄轩的精彩正在彩排。

浑浑噩噩的人和认真生活的人，他们的剧本内容千差万别。

张小斐：认真做事的人，总会被看见的

✲ 卜一

除夕夜，一个熟悉的身影再次出现在观众的眼前，她已经多次参演春晚小品，算是春晚舞台的常客了。

而在第 34 届中国电影金鸡奖颁奖典礼上，她也曾吸睛无数。

当播音员报出获得最佳女主角奖的名字后，她双手提起白色长裙的裙摆，举止优雅、落落大方，走向领奖台时闪闪发光的样子让观众眼前一亮。

她就是凭借电影《你好，李焕英》中李焕英一角荣摘影后桂冠的张小斐。

张小斐在本次角逐中，打败其他 3 位实力派演员，既是意料之外，又在情理之中。

其实，在演艺圈中，她的相貌并不出众，名气也一般，曾多年无人问津，却靠着一股认真劲儿不懈地奋斗着，直至从容地站在了最高领奖台上。

事后，被采访时，她说："我终于被人看见了。"

一路走来，她经历了太多的辛酸和波折，但无论是演喜剧还是演电影，无论是演主角还是演配角，她都用认真敬业的态度，让观众看到了一位出色的演员应有的素质。

她的成长历程告诉我们：认认真真做事，是会被看见的。

1986 年，张小斐出生在辽宁鞍山的一个工薪家庭。

因从小展露出艺术天分，她的妈妈对她寄予厚望，送她去学了舞蹈。

每一次上课，母女俩都要坐两个钟头的车。寒来暑往十几年，她们从来没有间断。

赶上东北的下岗热潮，家里的生活也不宽裕。没有了接班的可能，和万千家庭一样，她的父母只能倾尽心力去培养她。

懂事的她知道父母的心思，更加认真地学习，希望通过优异的成绩来回报含辛茹苦的双亲。

除了手长腿长的优点，张小斐的先天条件一般，身体不够柔软，有些动作练起来很是费劲。

但她从不叫苦，一遍又一遍地练习，不达标绝不停下来。

因为日复一日地训练，年复一年地精进，张小斐练就了一身扎实的基本功。

11 岁时，她被妈妈送到了北京的中央民族大学进修舞蹈。本该在父母怀里撒娇的年纪，她却孤身走上了漫长而又艰辛的追梦之路。

在学校里，该练的动作，该做的功课，她一样不落。

当时，按照规定，她每天要围着学校 400 米的大操场跑 10 圈。因为年纪太小，她跑得很吃力，可每一次哭着也要跑完。

再多的累，再多的痛，她都不曾抱怨过。偶尔跟家里联系，她也是报喜不报忧。

就这样，她咬牙坚持了 4 年。这段艰苦的岁月，无疑也磨炼了她过人的耐心和坚定的意志。

好在认真的人运气都不会太差，15 岁的张小斐第一次参加武警总部政治部文工团的考试就顺利通过，成了一名正式的舞蹈演员。

这意味着，她从此端上了铁饭碗。

她的妈妈欣慰不已，长久的守望终于有了美好的结局。

回望坎坷无光的求学生涯，那刺入骨髓的寒风、浸入肌肤的冷雨，那漂泊异乡的孤寂、寒灯独夜的无助，也都变成了遥远的回忆。

可文工团也没逃过日渐衰落的命运。为了自己日后的发展，她不得不另谋出路。没有了家人的陪伴，没有了单位的依傍，她要独自去对抗人生的风风雨雨。

有人说："生活从来不会亏待一个认真付出的人。"

所以，她也是幸运的，那些吃过的苦、受过的罪、流过的泪，也都变成了光，照亮了她前行的路。

凭借过硬的舞蹈功底，她考进了北京电影学院，与杨幂住在同一个宿舍。

读书时，她特别勤奋，专业课成绩稳居前列，是众所周知的学霸。

但在片约不断的杨幂面前，无戏可拍的她俨然一个小透明。

大二时，她参演了一部抗日电影《烽火岁月》，毕业前又参演了农村题材的其他电影。

她的表演都很接地气。

而在古装剧、仙侠剧大行其道的年代，一身素朴气质的她并不出彩，以至于她在毕业后的好几年里都无钱可挣，甚至连饭都吃不饱。

为了寻找更多的机会，她5点起床，赶地铁，跑剧组，还要应对各种各样的挑剔和嘲讽。

她曾遇到一个制片人，对方丝毫不留情面地说："你有没有觉得，你的脸长得有点问题？"

面对此类恶意的刁难和侮辱，她不发一言。

因为她知道，只有足够优秀才能堵住悠悠众口。

不久，她屈从于现实，考入中国广播艺术团做了一名主持人。在那里，她结识了冯巩和贾玲。

而贾玲已经小有名气，作为过来人的她特别同情张小斐的遭遇，经常给予援助，两个人成了无话不谈的好朋友。

渐渐地，她被贾玲推向了喜剧舞台。在很长一段时间里，她一边担任主持人，一边客串小品。

即便助演苦累不堪，即便报酬低微至极，一听到需要帮忙，张小斐从来不会犹豫半分。

而且，每一次，她都极其认真地出演，宛若自己就是正儿八经的在编人员。

故事理解得不透，就反复地学；角色定位不准，就反复地找。

为了让自己的表演更到位，她在拍戏的时候，睡眠只有三四个小时。

也正是因为这种死磕的精神，她的演技明显提升，从给冯巩、贾玲当可有可无的助演一跃成为举足轻重的主演。

2015年，她和冯巩一起登上春晚，给观众留下了满满的笑点。从那之后，她逐渐为大众所熟识，也正式开始了自己的喜剧之路。

正如《稻盛和夫的论语》一书中所说："浑浑噩噩的人和认真生活的人，他们的剧本内容千差万别。"

人生不易，不同的态度决定了不同的结果。

张小斐每一步虽走得慢，却走得稳。她对认真的坚守，为自己争得了机会。

第二年，贾玲成立"大碗娱乐"，第一个签下的艺人就是张小斐。

每一份辛苦都不会被辜负，每一份坚持都会有收获。对待喜剧，张小斐投入了所有的热情，也很快在圈内有了一席之地。

业内人士评价她，长得过得去的都没她演得好，演得好的人都没她长得漂亮。

蛰伏十数年，一切荣光如期而至，她终于被看见。

在演技得到认可后，张小斐又参与了多部小品，但是事业却没有太大起色。

她和其他人一起在台上制造快乐，内心却有一份苦涩，因为那潜藏已久的电影梦，还完全没有实现的可能。

即便如此，她仍是一如既往地把梦想放在心里，把苦练放在人后。

而贾玲正好想拍一部电影，以纪念自己的妈妈。再三斟酌后，她决定起用并不出名的张小斐。

显然，对张小斐来说，这是一份鼓励，也是一份肯定。

在拍摄《你好，李焕英》时，她的表现更是让人敬佩不已。

剧中有个落水的桥段，她的大腿被水

中的异物划了个又长又深的口子，组里人建议她缓一缓再拍，她却笑着说："没事儿。"

在监视器里，她的面部表情一如之前，没有受到丝毫的影响。

可等戏拍完，帮她处理伤口时，鲜血止不住地流出来，她一时间疼得掩面落泪。

一旁的贾玲看了，心疼地劝慰她先好好休息。

她却不干，待伤口的疼劲儿过了，又立马回到拍摄中去。

后来，影片爆红。

不得不说，张小斐深情的演绎为影片增色不少，她自己也因此赢得"国民母亲"的称誉。

十几年演艺路，太多的苦累、冷眼和委屈，她一一领受。而她在每一个小品里的拼搏，汇聚后才变成了一个演员的精彩。

至此，行走演艺圈，她有了最好的铠甲，也有了最硬的底气。

秦海璐参加《奇葩说》时说过一句话："人活的不是表象，而是内在的光彩。"

很多时候，一个人有了优秀的内在，就有了卓越的力量。

在业界，张小斐的认真是被公认的。而正是因为秉持这样的精神，她迎来了自己人生中的高光时刻。

她曾说："我没有一眼就被记住的天赋，就拿出慢慢磨戏的努力。"

她是这么说的，也是这么做的。

从默默无闻的小品演员到满屏称颂的影后，她无畏地踩过了满地的泥泞，穿越了无数的荆棘，最后实现了人生的飞跃。

没有傲人的容颜，没有优渥的背景，但她从来没有放弃过心中的梦想，一直笃定地奉行"认真"二字。

电影《大赢家》里有句台词："凡事，就怕认真。"

因为一个人，一旦认真，就赢了。

而事实上，真正的大赢家，就是那些把认真坚持到底的人。

从前有多认真，现在就有多成功。张小斐也从一个毫不起眼的小角色，蜕变成了闻名遐迩的大赢家。

知乎上有条高赞回复说：

"这个世界上，很多事情都有门槛，而认真没有。每个人都有不同的优势，都有其独特和迷人的地方，只是不是每个人一生下来就自带高光，很多人和平凡的你我一样，都是靠着坚持努力和朴实认真，走到了一个我们认为的了不起的位置。"

世上没有相同的人，却有相似的事。

芸芸众生，任其是谁，认真到底，终有回响。

无论是求学、做喜剧演员，还是做影视演员，张小斐无一例外地认真如初。

凭着对演艺的一腔热爱与执着，她用勤勉和奋进作注脚，冲破了自己人生道路中的重重阴霾与黑暗，迎来一片明亮与璀璨。

从这个意义上说，认真的人，都会得到最好的犒赏。

对张小斐而言，当她的认真变成了良性的习惯，变成了可贵的能力，变成了真正的优势，她的梦想也在悄然地迂回前进，直至照进现实。

而最终，她也被世人看见。

从幕后到台前，她坚持一路前行，从传媒到配音，从默默无闻到万众瞩目，她始终淡然处之。人人都说一夜成名，泪洒星城，但对她而言，这不过是人生路上的一道风景。

隐在背后的钻石也璀璨

✲付景莉

1998年的一天，天津师范大学的大礼堂里放映了中文译制片《泰坦尼克号》，全场座无虚席，电影播放了将近三个小时，由于剧情感人，全场人都哭得稀里哗啦，季冠霖也不例外。

除被剧情感染外，她也被电影里的声音深深吸引，她很好奇，为什么外国人说中国话能说得那么好呢？后来她才知道，那不是外国人说的，那是我们中国配音演员把声音配上去的。天生有着一副好嗓子的她突然有了一个大胆的想法：将来自己也要从事配音工作。妈妈知道后却坚决反对，妈妈认为，配音演员是为他人作嫁衣的隐形人，她更希望自己的女儿将来能够在台前做个优秀的节目主持人。

没有得到母亲的同意，季冠霖只好暂时作罢，但她从内心并没有真正放弃。她不错过任何磨炼自己的机会，闲暇时选择性地给企业录些小广告，参加学校的演讲比赛，偶尔也会接到一些给影视剧配音的小活儿。转眼到了毕业季，她有幸得到了做天津交通广播电台节目主持人的实习机会，原本她清澈的嗓音和独特的主持风格很受领导赏识，正要与电台签订正式录用合同时，她却因生病在家休假时间过长而失去了这份工作。病好后,她只得另寻工作,然而此时已经过了毕业季，再找工作已经不大容易了。正在这时，她意外地接到了一位曾听过她配音的资深配音老师打来的电话,说她有配音的天赋,邀请她去北京发展,并建议她以后专职做配音。季冠霖有些兴奋，但想到妈妈不会同意，于是婉拒了。

她继续奔波在找工作的路上，在希望与失望中辗转着。一天，那位老师再次打来电话，说有个给主演配音的机会，邀请她来试音。犹豫再三后，季冠霖最终把自己母亲不同意她做配音这一行和母亲的顾虑一股脑儿说了出来。老师沉默良久后开口说:“钻石原石本身不会发光。我们看到的钻石之所以熠熠生辉，那是因为经过了仔细切磨，是切工赋予了它第二次生命。你的声音就像一颗钻石原石，如果经过你的努力打磨，那么它一定会闪烁生辉的。当你真正成为璀璨夺目的钻石，无论把你藏在哪里，也遮盖不住你的光芒！”

听了老师的话，季冠霖思量良久，终于做出决定，她要说服妈妈，她要去从事这个自己喜欢的职业，她要把自己磨砺成一颗闪光的钻石捧到妈妈面前。这一次，她把爸爸搬来，和她一起做妈妈的思想工作，最终妈妈同意了。

第二天，她直奔北京，接下了那个给主演配音的工作。从此，她踏上了一条既艰辛又充满斗志的配音路。这工作极其不稳定，有活儿时通宵达旦，没活儿时闲得发慌。季冠霖主动出击，她经常奔赴各大影视拍摄基地推销自己，有时不得已也会打出免费配音的招牌，慢慢地，她凭借优质的嗓音和扎实的基本功，在配音圈站稳了脚跟。

2005年，她从十几人的试音竞选中胜出，得到了为《神雕侠侣》小龙女角色配音的工作，她空灵澄净的声音让小龙女这个角色更加鲜活，此后，季冠霖的名字渐渐被一些知名导演知晓。2012年，她又拿下了自己梦寐了14年的译制片3D版《泰坦尼克号》的配音。

季冠霖善于揣摩别人的声音和他们表情中的细节，所以她配谁像谁，也因此被冠上了“声音魔法师”的称号。配音就要先入戏，她坚信没有情绪就出不来效果，所以当一场哭戏、一场需要使劲喊的戏，或者一场倾尽气力大吼大叫的戏终于配音通过，几乎到了虚脱或快晕倒状态时，她也从不喊累喊苦。《变形金刚》中的米卡拉，《美人心计》中的窦漪房,《甄嬛传》中的甄嬛等角色的声音都出自她一人之口。

季冠霖用实力赢得了众多导演的青睐，很多影视大腕儿都指定她来配音。十几年来，她已配有几百部作品。季冠霖终于把自己磨砺成一颗闪耀在配音圈里的钻石，并被圈中人尊为“配音一姐”。她用声音捧红了很多角色，自己却只能隐在背后，拿着比台前演员低百倍千倍的薪资，甚至按行规，自己的名字永远难以出现在演员表中，她却不在乎。

可是，真正的钻石谁都掩盖不住它的光芒。终于有一天，她被网友发现并挖了出来，她的声音才从幕后穿越到了台前。当记者采访时问道：“背后默默付出那么多，光环却都是别人的，没名没利，觉得委屈吗？有怨言吗？”季冠霖说：“我不在乎名利，我只想把自己磨砺成钻石，用中国话讲好世界故事是我最大的心愿。”

是的，尽心尽力做好自己想要做的事，把自己磨砺成真正的钻石，即使隐在背后，也会璀璨夺目、熠熠生辉。

人生就是有很多这种跌宕起伏的时刻，没有人能够一路顺遂，我们要学会接受高潮与低谷对我们的席卷与反噬。从顶端的喜悦到坠入谷底的失落，也是人生的一堂必修课。

人不活一个**点**，人活**连续**和**起伏**

✽房琪

2019年5月30日，我的抖音账号“房琪kiki”第一次获得了单条视频播放量突破两百万的成绩。视频的标题叫作《北漂逆袭记》。因为这条视频，我收获了一百多万喜欢我的人。

视频开头的几句话大意是这样的：“为了考到北京，在第一次高考失利后，我选择了复读。第二年，我参加艺考拿到了中国传媒大学导演专业全国第七名的成绩，却因为文化课发挥失常而落了榜，只得到三本院校读编导。当时，身边的朋友都和我说，认命吧房琪，但是我没有。”

我把自己生命中最绝望的那两年，用这些文字概括出来，但大概只有我自己知道，这些文字背后的日子，有多难熬。

尤其是复读的那一年。当时，身边所有熟悉的人都已经前往大学，拥抱各自崭新的人生，只有我被落在了熟悉的家乡，不得不走进一个既熟悉又陌生的环境，融入一个没有熟人的班级。作为留级生和高考落榜生，在新班级的滋味并不好受。当时，几乎没有同学愿意主动和我说话，老师也没有那么多的精力顾及每一个人，整个环境都很压抑和孤独。有一次，我物理考了很低的分数，彼时坐在教室最后一排的我，把卷子正面摊在桌上，看着成绩下面的两道横杠力透纸背，批卷老师气急败坏的样子仿佛就在我眼前。同桌正在为算错了一个数字，大题没有得到满分而懊恼，在发了一通牢骚之后，她的目光落在了我的卷子上。我还没来得及把分数遮住，她便凑上来对我说："其实我有时候真挺羡慕你的。"

"羡慕我？"

"对啊，你看那些差一分就及格的人，会觉得特别可惜，但你就不会有这种烦恼，也不用因为没发挥好而焦虑，心理压力没有那么大，多好啊！"

她目光真诚地看着我的那几秒钟，让我相信了她的话是真的发自内心。但我知道，其实在那特殊的一年，老师已经放弃了差等生，因为差等生不可能有个好成绩，他们对这件事心照不宣，差等生只能心甘情愿当个看客——哪怕我上课的时候努力瞪大眼睛盯着老师，认真记了满满一本的笔记；哪怕我在夜深人静时打开物理卷子，想破了头也不会解题，一边骂自己笨一边哭；哪怕我挣扎着想让他们听见，我心里不停地在呐喊那句"请别放弃我"。

老师还是会在轮到我回答问题的时候，面对我的支支吾吾而发出一声长叹，说一句："算了，下一个。"

被放弃、被嘲讽、被淘汰的经历，又怎么会只有一次呢？

刚来北京不久，我得到了一个厨艺类节目主持人的试镜机会。这个节目不仅会在卫视平台播出，还会向主持人支付一笔劳务费。对已经一段时间没有收入的我来说，这次机会简直是救命稻草。试镜的前一天晚上，节目组临时通知要自己准备围裙，当时已经快到晚上八点钟，大多数店铺已经关门，网上买也不可能来得及。我心急如焚地出门了，最后在一个即将关门的大商场，一家看上去就很贵的店里找到了一条蓝色的蕾丝边围裙，我下意识地看了看吊牌——429元，这个价格我估计能记一辈子。为了不影响第二天试镜，我咬咬牙买下来了。商场关门之后，我一个人站在街上，看着轻飘飘的购物袋里那条昂贵的围裙，越看越心疼。我舍不得打车，就这么一路走回了家。回家的路上，我还在暗暗地想：没关系，如果试镜成功了，这点钱不算什么。

我至今忘不了第二天试镜时激动和紧张的心情。结束之后，制片人说可以先回家等消息。忐忑地等了好多天都没有音信，直到有一天突然接到了其中一位工作人员打来的电话，电话接通之前，我仿佛都能听到自己扑通扑通的心跳声。电话那头说："小琪，告诉你个好消息，你被选中了。明天拿着身份证来一趟吧，我们签合同。一年 50 万。"

我疯狂克制着自己激动的心情，拿着电话支支吾吾了好久，说了好多次谢谢，问了好多次"是真的吗"。得到肯定的答复之后，我挂掉电话，然后迫不及待地打电话给妈妈，我说："妈！我那个节目试镜成功了！你猜一年多少钱？50 万！"

我妈在电话那头比我还激动。

冷静了一会儿，我才想起来还有很多流程上的细节刚刚没有问，于是打电话想确认一下第二天见面的时间和地点，没想到这次电话那边却传来了哈哈大笑的声音。他说："哈哈哈，你忘了今天是愚人节啦？你不会当真以为自己能赚 50 万吧？愚人节快乐啊。"

我从来不想去扮演一个大度不计较的人，我必须承认这种"玩笑"真的非常伤害我，甚至时隔多年再次回想起来，我还能感受到当时的难过。那种难过叫作：为什么给我希望后又拿我取乐？

最后，我没有被这个节目组选中。愚人节接到电话的喜悦让这场黄粱美梦显得更加戏谑。

对好胜心极强的我来说，复读的那一年，是我最狼狈、最蓬头垢面、最无助的一年。几年前的 4 月 1 日，也成了我最讨厌的一次愚人节。

这些经历都给那时的我留下了巨大的痛苦，但现在再回想那段时间，却早已没有了那种焦虑不安的感觉。之所以现在可以轻描淡写地说出这些曾让我极其难堪的瞬间，是因为我越来越明白：人生就是有很多这种跌宕起伏的时刻，没有人能够一路顺遂，我们要学会接受高潮与低谷对我们的席卷与反噬。从顶端的喜悦到坠入谷底的失落，也是人生的一堂必修课。

人生中因为被落下、被选择、被误解带来的委屈不甘的时刻，真的有很多。经历过这些后，我越发明白，与其一味沉浸在伤心难过之中，不如多去想一想，如何才能做出被人认可、接受的作品？离开一个不认可你的环境，是否一样可以活出自己，甚至更加精彩？二选一的时候，如何让自己成为不可替代的那一个？

十年前一张低分的物理试卷，高考遭受的挫败和孤独，并不会给我的一生盖章，并不意味着我只能就此失败无为，我依然可以再次昂首挺胸，去迎接崭新的未来。这未来里当然还会有急流和险滩，但值得高兴的是，我已经做好了迎接挑战的准备。

几年前成为未被选中的那一个，愚人节的玩笑并不代表我就是个笑话。昨天的我尚且匹配不到 50 万的薪资，不代表今天的我不能创造更高的价值。我依然可以重新选择方向，去迎接属于自己的光。

在成为旅行博主让大家通过公众平台认识我的今天，我面对了更多的质疑。很惭愧，我依旧没能成为一个百毒不侵、刀枪不入的人。在讽刺和讨论声里，我怀疑过自己无数次，甚至悲观地想要放弃。但处在低潮期，心神不宁时，我总会想到电视剧《长安十二时辰》里的一个片段，元载在狱中说过这样一句话：

站在高山望深渊，坠入深渊识攀爬。人活得不是一个点，人活起伏。

共勉。

我们每个人都曾因为各种各样的原因被困于孤岛之上。但我们不必感到害怕和无助，有些时候，伤痛也是另一种推动力，会让我们勇敢地游下去，然后跃出海平面。

周深：好好了解自己

✲琦惠

影响我的他

周深，1992年出生于湖南邵阳，毕业于乌克兰利沃夫国立立谢科音乐科学院美声专业，因音色独特，被称为“介于童声与女声之间的魔音”“一个人的唱诗班”。2014年参加浙江卫视《中国好声音》第三季初次登场；2015年发行个人全新单曲《玫瑰与小鹿》；2016年献唱动画电影《大鱼海棠》印象曲《大鱼》，《玫瑰与小鹿》和《大鱼》双双入选亚洲新歌榜年度十大金曲；参加《2021年中央广播电视总台春节联欢晚会》，与张也合唱《灯火里的中国》。

1

周深有多喜欢唱歌，曾经就有多憎恨自己的爱好。

出生于湖南乡村的周深，原本生活得平和而快乐。虽说父母外出打工不能时刻陪在身边，但周深并未感到孤独，依旧能从其他亲人身上得到爱与庇护，还曾因为有音乐的陪伴，滋生出别样的慰藉感。直到某天，父母赚了一些钱并决定接他到贵阳同住，周深的“噩梦”就此开始。

来到新的学校后，周深很不适应，终日郁郁寡欢，不怎么说话。唯有音乐课上，周深才会变得活泼起来。每当老师问“谁愿意为大家演唱一首歌”时，周深一定会第一个举手。那时候，他总能在跳动的音符中寻得乐趣。周深唱得快乐，老师也听得高兴。没多久，音乐老师就充当了伯乐的角色，让周深成了学校合唱团的领唱。

尽管年幼，但对于自己的“领唱”身份，周深格外珍惜，也格外负责。每一次参加比赛，他都会好好准备，帮学校拿下各种大奖。他在音乐上的天赋，获得了许多人的认可，这让他得到了前所未有的关注。当然，也正是由于在音乐方面太过拔尖，令他卷进了舆论的旋涡。

变声期时，其他男孩都因声音突然变得粗犷而不得不离开了合唱团。周深恰恰相反，他的嗓音发生了奇怪的改变，变得越发细腻了。用周深自己的话来说就是，“变声期没有等我，它就走了”。他就像一个被时光遗忘的旅人，困在了原地。一时之间，周深的特别引来了大家的侧目，同学们从最初的好奇逐渐变成了挖苦，到了最后，有些品行恶劣的男生竟开始借此辱骂周深——“他有病！”“他是女孩！”“他变态！”

恶意的评价，不绝于耳。原本热爱音乐的周深开始恐慌，主动退出了合唱团。整整三年，他故意压低嗓音说话。周深说：“有段时间，我都不知道放松是什么样子。”他的噩梦，不断地发酵，再发酵。周深备受煎熬，却又从内心割舍不掉对音乐的热爱。几经思忖，他决定在网络上唱下去。

18 岁的周深开始以“卡布叻”的网名，进入网络语音平台 YY 做网络歌手。他躲在幕后，演唱了一首被人熟知、口口相传的歌曲——《化身孤岛的鲸》。现在听来，这首歌的字字句句都在真实地反映着周深当时的心理。

周深就曾是一头被困于孤岛的鲸，迷茫过，焦虑过，伤心过。其实不只周深，我们每个人都曾因为各种各样的原因被困于孤岛之上。但我们不必感到害怕和无助，有些时候，伤痛也是另一种推动力，会让我们勇敢地游下去，然后跃出海平面。

2

想要活得通透，让自己与自己和解，并不是一件很容易的事情，一定是需要一些时间的。周深这头被流言蜚语困住的鲸鱼，的确有一些时日，丧失了所有的勇气。不管《中国好声音》的导演如何邀请他去参加节目，他都选择直接拒绝。

他下定决心不再站在舞台上唱歌，只想当个幕后歌手，用他人分辨不出的身份陶醉于音乐之中。他觉得如此做才能拥有安全感。他的态度很坚定。同样地，《中国好声音》的导演，态度也很坚定。导演一次又一次把周深放在邀请名单里，哪怕已经接连十几次失败了。甚至，为了能够说服周深去参赛，导演还亲自去周深家里给他做思想工作。

“很少有人为我的事情这么上心。”现在回想起导演对自己的偏爱，周深仍旧满怀感激，“其实在当时，连父母都不太赞成我唱下去。他们把我送到国外读书，攻读牙医专业。”聊起过往，周深的眼圈泛红，就像他终于又一次立于人前，拿起话筒时一样。

在《中国好声音》的盲选舞台上，周深身体略微颤抖地说道：“在生活中听过我唱歌的人都会觉得很奇怪，我就想来到这个舞台，让 4 位专业的导师听一下，我是不是能够唱歌，能不能唱出自己的未来。”他忐忑地望着台下的评委，期待答案，同时，他也很害怕听到对方的回答。

那颗悬着的心，让周深有那么一个瞬间想要逃离舞台。他的精神有些游离，但很快，他就被评委的声音拉回了现实——“作为一个歌手，你不要再怀疑自己。”“你有这样一种独特的表达方式，我就是要赞扬你！”“你的声音跨越年龄、跨越性别，有太多可能性了！”

评委们接连对周深表示认可，这让那头被困于孤岛的鲸鱼，忽然就对外面的世界多了一丝信任。而随着越来越多的人通过节目了解周深，喜欢上他的声音，这头鲸鱼才真的摆脱了外界的眼光，活得越来越自我。

2016年，音乐悬疑竞猜类真人秀《蒙面唱将猜猜猜》向已经有些知名度的周深发出邀请，并且提议他“男扮女装”。周深想了想，答应了。他脚踩高跟鞋，身着一袭亮片礼裙，以巫启贤“梦中情人”的形象登台。周深不再害怕，即使摘下蒙面，他再一次被言论攻击。这一次，他选择了勇敢面对。

“我就是希望有人认认真真地听我唱歌……我的声音就是这样啊！”周深接受了自己异于常人的地方。他肯定了自己，也因此赢得了他人的尊重。关于“爱自己”的学问，周深终于参透。旁人爱不爱自己，或许真的没有那么重要。关键是来人间一趟，我们每一个人都应该好好了解自己、爱自己，应该为自己而活，活得尽兴、洒脱。

3

周深通过选秀节目，确实火了一把。但很快，他就在“快餐时代”被大众遗忘。昙花一现的热度，对周深来说，并没有什么关系。只是想到不能如愿发专辑，他才有些难过。某天，周深正在盯着手机发呆，突然，他就被拉进了一个群聊。

“周深，这位老师有首歌想找你唱。”那英很惜才，主动把周深介绍给了一位音乐人。她忙活着为两人牵线，周深却瞬间进入了一种“悲喜交加”的状态。他先是鼻子一酸，很想哭；紧接着，他又蹦又跳，不断地高喊着：“有人要为我出专辑呢！”周深觉得自己在做梦，他狠狠地掐了大腿一下，感知到的疼痛感让他心里踏实了一些。

持续几天情绪激动之后，周深见到了传说中的音乐人，“领”到了一个艰难的任务——对方要求周深演唱的歌曲要像小柯的作品一样走心，像朴树的作品那般充满希望。但十分遗憾，周深并未交出让人满意的答卷。甚至第一次走进录音棚，周深就被那位音乐人反问：“你到底会不会唱歌？”

会啊！

周深怎么可能不会唱歌？他只是压力太大，又没接受过系统训练，才不小心失误，把第一次录音搞砸了。既然知道问题在哪儿，周深便立马调整好状态，一遍一遍，不厌其烦地练习，录歌，再练习，再录歌。在这个过程里，他没有问过自己“辛不辛苦”，没有问过自己“会不会火”。他只是不断地默念：但愿所唱的这首歌，20年后，还会有人记得。

周深做到了。在华语乐坛走下坡路的时候，他那发自肺腑的歌声，影响了歌坛，让越来越多的人再次知道了何为好的音乐。在面对各种诋毁、辱骂时，他那勇敢歌唱的姿态，震撼人心，让我们看到了鲸鱼不仅有温柔的一面，它也同样强悍。想必，20年后，一定会有人记得周深唱过的歌，也一定还会有人记得：曾因这个人，我们懂得了，无论他人爱不爱自己，自己都要看得起自己，去守护好自己纯真的梦。

我的这二十多年，不是一晃而过的二十多年。我每一天都在吸收着一个演员应该吸收的养分。我把对世界的观察用文字记录下来，使之成为我生活的一部分，也成为我表演的一部分。

张颂文：被演戏耽误的作家

✲春野

张颂文凭借电影《不止不休》获得首届金熊猫奖电影单元最佳男配角奖。47岁获此殊荣，张颂文十分开心，还专门发了去熊猫繁育研究基地参观的微博。细心的网友们发现张颂文的微博写满了他对世界的观察，文笔细腻又有感染力。其实，他的文章曾多次登上国内知名杂志，并且还曾被当作贵州的高考模考题，甚至连作家郑渊洁都说他是被表演耽误的作家……

孤独岁月　文字陪伴

张颂文出生在广东省韶关市新丰县，父亲是军人，常年不在家，只有母亲一人在家照顾他。作为镇里有名的医生，母亲工作很忙，每次她出门看诊，就会给张颂文几本书让他慢慢看。

那时候，张颂文识字不多，《铁道游击队》《向阳院的故事》《白毛女》等连环画就是他的最爱，那里面有英雄有温情，他常常一看就是几个小时。看完之后，张颂文还喜欢绘声绘色地讲给小朋友听。他会提前一晚想好自己要讲什么故事，第二天站在大树下讲给围坐在他身边的孩子们听。看着小伙伴们瞪大眼睛沉浸在他编织的故事世界里，张颂文很有成就感。偶尔，小朋友们想多听几个故事，还会把自己带的糖块、水果给他吃。张颂文最早就是从讲故事开始爱上写作的。

1987年，父亲转业回家，带着全家搬到了韶关生活。在韶关，张颂文度过了小学和初中，那是他记忆里最开心的一段日子。父母都在家，一家人其乐融融。可是开心的日子总是很短暂，初一时，母亲确诊了癌症，张颂文听到这个消息时感觉天都塌了。他茫然无措地从学校跑到医院，看见母亲躺在病床上冲他笑，张颂文一下扑进母亲的怀抱痛哭起来。等张颂文哭了一阵，母亲才轻轻擦去他眼角的泪滴："妈妈没事，你回学校好好学习。"临走的时候，母亲还给他几本书："回去别想太多，心情烦闷的时候就看看书。"

张颂文捧着书，边哭边走。他并不知道怎样接受母亲患癌的事实。很长一段时间，他不是坐着发呆就是不由自主地流眼泪。周末时，他要去医院陪护，怕母亲看出自己伤心就带书去，难过流泪了就躲在一边假装看书。

回到学校，张颂文就拿出日记本，记录下和母亲相处的点点滴滴。他害怕母亲突然离他而去，他要把母亲记在日记里，留在脑海里。渐渐地，写日记成了他宣泄情绪的窗口。一旦想起母亲的病情，他就写日记，让心情慢慢平静下来。

即使可以用写作安慰自己，张颂文还是担心母亲的身体，他试着读医书，打听一些民间土方，想用自己的方法找到神医医治母亲。一天，张颂文听邻居说邻县有气功大师曾经治好过癌症病人，救母心切的他也想带母亲去试试。怕对方是骗子，张颂文就先以写专访的名义探查情况，却意外了解到"大师"治好的病人活了三个月就去世了。他庆幸自己读了许多书，还爱写文章，否则不会想到假冒记者探访。如果真的贸然带母亲去尝试，也许会加速母亲病情的恶化。

尽管用尽了各种办法，张颂文还是没能留住母亲。母亲去世的当天，张颂文整个人都是蒙的，他没有眼泪，只是机械地按照父亲的指令做着事情。

第二天，张颂文看见母亲的床空了，才号啕大哭，他想起母亲跟他说过："老天当然有瞎眼的时候，下一场雪，又盖上一层霜，但只要你熬过去，当春天来的时候，雪会化成水，滋养你的土地……"以前，他只要想起这句话，就觉得什么都能熬过去，但是这一次，他不知道自己怎么才能熬过去。他每天都在日记里书写着悲伤和对母亲的思念。

母亲的离世给了张颂文巨大的打击，他一蹶不振，成绩也迅速下滑，最终只考取了一所职业高中。那些日子，每当想起母亲，他都要大哭一场，为了解开心结，他不停地看书，从书里汲取力量度过痛苦的时光。他还写了很多怀念母亲的文章，把对母亲的思念化成文字记录下来。

1994年，张颂文从职高毕业后，开始做一些体力工作。他曾在汽水厂清洗汽水瓶，也曾在大排档当过服务员，但是他最喜欢的还是在印刷厂当工人。印刷厂有很多书，下班之后，他就在车间里熬夜看书、写作。一起上班的工友都笑话他是"不爱说话只会看书的书呆子"。

张颂文不在意别人的看法，只是更加用功地看书，因为他知道，只有读书、写作才能让他的心安静下来。他想要过不一样的生活，别无他法，就只好在书里寻找答案。很快，他就找到了属于自己的事业——做导游。

那天，张颂文照旧在下班后看书，他看到了一本关于旅游的书。他发现导游能够去各地旅行，还能认识许许多多不同的人，他心动了，他决定考导游证当导游。

鼓起勇气　写作追梦

张颂文很快考取了导游证，并进入韶关中旅做了一名导游。他工作认真负责，每次带团去景点，都要提前翻阅许多资料，写好导游词再为游客讲解。因为张颂文的导游词内容丰富，引人入胜，找他的游客越来越多，他很快从一名普通导游成了出境游的优秀领队，并且获得了“广东省最佳导游”称号。

因为出色的文字功底和专业能力，深圳电视台为张颂文开辟了一档旅游咨询节目——《旅游天地》。他把自己当导游时遇到的事写下来，在节目中讲给观众听，吸引了许多观众。

张颂文的事业不断发展，内心却越来越空虚。他不知道自己的未来会怎样，难道就一直这样带团出游吗？1999年，张颂文在给新员工培训时，有名新员工问他：“文哥，你的梦想是什么？”“我的梦想，永远没法实现，我喜欢看电影，想从事与电影相关的工作，但这不可能的，电影离我太远了！”张颂文笑着说出自己的想法。

“怎么不可能？你可以去北京电影学院呀。张艺谋28岁才开始学电影。”同事的话深深地刺激了张颂文，他突然想起自己小时候曾在日记本里写的一句话：“我喜欢看电影，有一天我也要去演电影。”那句话像闪电一样击中了他，让他决定去考北京电影学院。当天下午，张颂文就买机票飞到了北京。

张颂文没学过表演，想要考上北京电影学院必须另辟蹊径。思来想去，他觉得自己最强的能力就是写作，必须把这一面展现给考官。备考时，张颂文特意写了一首诗歌想给自己加分。面试时，考官直接对他说：“你表演一般，但是你的散文诗有你对生活的独特理解，表演者就是要感受生活，记录生活。”就这样，凭借优秀的写作功底，张颂文进入了北京电影学院表演系高职班。

进入学校后，张颂文发现自己和大家有些格格不入。最明显的是，他根本不会说普通话，每次在台词课上说话，同学们就哄堂大笑。老师也在私下里找他谈话：“颂文，如果你说不好普通话，表演这条路就走死了。四个月后考试，如果你还不行，就只能退学了。”

张颂文开始用台词课的课本苦练普通话，可是效果并不好。他焦虑到失眠，不知道自己应该怎么做。为了缓解焦虑，他只能提前把每天要练习的内容熟读后变成自己的语言写下来，第二天一早去操场上朗读。读着读着，他发现读自己写的文章更顺口，就开始每天写一篇对周围同学、事件观察的文章，然后读出来练习普通话。

四个月后，张颂文的台词考试成绩是全班最高分。他不仅在日记上记录生活，还会在校报上发表文章。由于表现出色，他被选为学生会主席，并在毕业后留校任教，成了一名表演老师。

张颂文讲课和别人不一样，他会带着学生去田间地头观察植物，去菜市场、医院观察人群，再让学生写出观察心得。因为他觉得最好的表演，是设计不出来的，它源于生活，是生活的一部分，只有认真观察记录，日后表演的时候才能为自己所用。他这种教学方式得到了很多演员的认可，连林志玲、钟汉良等巨星都来找他学习表演。

休息日，张颂文会骑着自行车去菜市场和人砍价，去各个街道闲逛，回到家再把自己的观察记录下来。胡同里遇见的阿姨，常去的饭店里的小伙计，院子里种的柚子和名为珠芽景天的植物，第一次遇见的飞鸟，童年回忆里的食物，公交车上的司机……都被他写进了文章里。

除了带课，张颂文也想拍戏，于是就在课余时间跑剧组递简历。2003 年，他跑了 300 多家剧组，却频繁被拒。甚至有个导演冲着他说："你长得太矮了，像个侏儒，脑门又太大，根本不可能当演员。"即使被如此羞辱，张颂文也不想放弃。他不断地投简历，但还是没人要他。

痛苦和郁闷席卷而来，张颂文想放弃又舍不得。他把自己的痛苦发泄在文章里："也许我就不适合当演员，我应该认命好好教书，可是我曾那么努力地向目标前进。我相信，努力的人一定可以在某一个时刻等来结果，但是可能要用时间来考验。"

2005 年，张颂文终于等来了属于他的结果。广东电视台筹拍电视剧《乘龙怪婿》，请他演男一号，附带的条件是要他当演员们的"表演指导"。张颂文二话没说就答应了，他向学校请了四个月的假，全身心投入拍摄当中。

进组前，张颂文先写好人物小传，细致到角色在哪里读的书，有没有被欺负过，喜欢玩什么游戏等。他就像写故事一样写出人物的一生，丰富自己对人物的理解。张颂文的敬业很快被大家认可，找他拍戏的人也越来越多，但都是些小角色，有的甚至没有台词，他也不在意，依旧认真演戏，并且把自己对角色的感悟写成文章记录下来。

文学梦想 辅助事业

2010 年，张颂文出演刘伟强执导的动作电影《精武风云》。在这部电影中，张颂文只是一个连名字都没有的群演，四天就拍完了所有戏份。但是，拍完以后他并没有离开，而是主动留下来，跟完了整部戏的拍摄。他一边看别人拍戏，一边还在本子上写写画画。

编剧陈嘉上很好奇张颂文到底每天在写什么，于是找他要来一看，居然密密麻麻写的都是他对剧情的感悟和对演员演技的学习。张颂文的文章里满满都是对角色的热爱，他细致的感受力和真诚的文笔让陈嘉上惊叹。于是，陈嘉上第二年拍摄电影《不再让你孤单》时，力邀张颂文出演了戏份比较重的配角。在此之后，张颂文才渐渐被观众熟知。

事业不断发展的同时，张颂文的文章也开始发表。2014 年，有朋友来到张颂文家里做客，恰巧看见了他写的纪念母亲的文章《火柴天堂》。朋友读后十分感动，立马劝说他投稿："你的文章写得这么好，不发表太可惜了。我帮你发给杂志社。"张颂文不以为意，没想到这篇文章很快就被《读者原创版·全世爱》发表了。看见自己的文章变成铅字，张颂文的心里就像拍了一部好戏一样开心。

因为文笔细腻，富有感染力，编辑希望张颂文能继续投稿。于是他又写了一篇怀念邻居算命先生盲佬的散文《在心里点灯的人》，后来发表在《天涯》杂志上。当时《天涯》杂志的编辑赵瑜对他说："你的文字属于典型的没有经过专业训练的那种，有些江湖气息，和文学刊物上常见的文字有着很不一样的气质。在讲述个人生活经验的时候，你的用词方式、抒情方式，都是那种野性的、新鲜的，会让人觉得眼前一亮，有所期待。"可是因为拍戏越来越忙，张颂文无暇再向杂志社投稿，他把更多的时间用来写对剧情、对人物的感悟。

2016年，周全导演邀请张颂文出演电影《西小河的夏天》中父亲一角，这部电影在绍兴取景。拿到剧本后，张颂文就找了一些关于父子情的书，又打印了一本关于绍兴的画册。进组前，他不仅细细看了书和画册，还特意写了关于父亲和绍兴的文章，理顺了对电影和角色的思考。拍戏的时候，张颂文特意走遍了绍兴的大街小巷，以日记的形式发微博，向网友们展示绍兴之美。

正因为如此努力，《西小河的夏天》在韩国釜山一经上映便广受好评，张颂文也凭借此电影获得了第十四届长春电影节最佳青年男配角提名及第五届北京青年影展年度男演员奖提名。

2018年5月20日，《西小河的夏天》在全国院线上映前，张颂文在微博里发表了一篇关于父亲的文章，里面记录了他和父亲相处的点点滴滴，写了他幼年时的叛逆和成年后对父亲的理解。他用这篇文章表达了自己对《西小河的夏天》中父亲这个角色的认知和感受。

文章发出后就得到了网友们的支持，很多网友留言："我父亲也是这样严厉又慈爱。""越长大越理解父母的用心良苦。"自此之后，张颂文很喜欢把自己对角色的感悟写在微博里，并和网友们互动。

张颂文拍摄了很多影视作品，但始终处在戏红人不红的尴尬地位。直到2023年1月，反黑刑侦剧《狂飙》播出，他在剧中饰演的高启强从卑微渺小的底层鱼贩变成了涉黑组织的头目，角色经历丰富，性格变化巨大，很难把控。但是张颂文凭借出色的演技，塑造了一个人性复杂多变、性格立体丰满、有血有肉的黑帮大佬形象。这部剧口碑爆棚，热度一路攀升。出道二十多年，张颂文终于火出圈，被全国观众认识了。

《狂飙》结局时，张颂文在微博上写他永远难忘这个春节，写他小时候和父母一起看电视的情景，还写了他作为"高启强"最想过的生活。没有华丽的辞藻，却亲切动人，很多观众读了之后都留言说自己读完眼中含泪。张颂文就是这样，他总是认真地阅读剧本，了解作品，再把自己对人生的感悟加在角色身上，让角色更加生动形象，有血有肉，力求在拍戏时，他就是角色本身。

张颂文的文章不仅打动了网友，更打动了语文出题老师，2023年贵州高三一模考试中的阅读理解选用的就是他的文章《在心里点灯的人》。童话大王郑渊洁看见这篇文章之后特意在微博给张颂文留言："你是被表演耽误的作家，你让我有恐惧感，希望你好好拍戏，千万不要写作，如果你写作，我就没饭吃了。"

2023年是张颂文爆发的一年，不仅作品《狂飙》爆火，他更是凭借电影《不止不休》获得首届金熊猫奖电影单元最佳男配角奖。国庆档，他还有两部电影《第八个嫌疑人》《志愿军：雄兵出击》上映。看过电影后，网友们无不赞叹："张颂文又把角色演活了！"

当有网友问张颂文是什么使他一步步走到今天并取得如此成就时，张颂文明确地回答："写作。我经常把演员的工作比作绿植，长在城市里的绿植，只有与土地连接起来，才不会被大风吹倒，而我的土地就是观察和写作。我的这二十多年，不是一晃而过的二十多年。我每一天都在吸收着一个演员应该吸收的养分。我把对世界的观察用文字记录下来，使之成为我生活的一部分，也成为我表演的一部分。"

学戏不能靠三分钟热度，要经得起磨炼，吃得了辛苦，受得了摔打才行啊！

火出圈的俊朗越剧**小生**，原来是个“90后”**姑娘**

✲ 安红

2023年8月6日，浙江小百花越剧团推出的新国风·环境式越剧《新龙门客栈》，首次在抖音平台进行线上直播。此次直播吸引了925万人次观看，引发了广泛的关注和热议。越剧小生陈丽君也成为热搜的焦点。

为唱越剧，吃再多苦也不后悔

越剧，作为一门源自浙江的传统戏曲，以其深厚的历史底蕴和独特的表演风格而著称。1992年出生的陈丽君，就来自素有“越剧之乡”之称的浙江嵊州。父母做茶叶，闻着茶香，听着越剧，偶尔他们还会教小丽君唱一段越剧《我家有个小九妹》。小时候的陈丽君就在父辈的茶香里，感受着百年越剧的美。

从小对越剧耳濡目染，再加上天生丽质，上初中时陈丽君被音乐老师推荐去学习越剧。父母常年听戏看戏，知道学戏很苦，要想成名成角更不是一件容易的事，但他们也了解自己的女儿。于是，父亲语重心长地说：“孩子，学戏不能靠三分钟热度，要经得起磨炼，吃得了辛苦，受得了摔打才行啊！”陈丽君想了想，无比坚定地看着父亲说：“只要学，我就好好学，绝不会后悔！”

自此，13岁的陈丽君进入嵊州市越剧艺术学校学习，主攻花旦。她深知自己年龄小，又缺乏经验，学习非常刻苦。除上课之外，陈丽君就泡在练功房里，是大家公认的“练功房女孩”。不管是冬天还是夏天，练功房对陈丽君来说就像一个游泳池，她总是“干”着进去，然后“湿答答”地出来。因为太拼，她常常把自己搞得伤痕累累。老师们心疼的同时也很欣慰，他们明白正是有像陈丽君这样努力的人，越剧才会一代代地传承下来。

坚持不懈地学习、出类拔萃的表演功底，让陈丽君很快就有了收获。2008 年，陈丽君获“雏凤争鸣”——浙江省越剧艺校学员电视挑战赛金奖。同年，她进入越剧小百花班学习。进入小百花班后，她更是一如既往的刻苦。每天早上，她都早早地起床练习唱腔，动作和表情力求做到完美。夜晚，别人睡了，她还沉浸在角色里。此时的她还专注于花旦的表演，但细心的老师们发现这个身材高挑、一脸英气的小姑娘更加适合演越剧小生。

演小生，就是“反串”，要女扮男装，要从娇滴滴的女子变成风度翩翩的男儿郎。这种巨大的落差，让一直唱花旦的陈丽君不能接受，因为这意味着一切都要从头学起，包括眼神、手势、体态、动作，等等。

后来，经过深思熟虑，她明白了老师们对每一个学生都有全面的考量，或许自己真的有成为优秀越剧小生的潜质。想通了之后，陈丽君决定去迎接新的挑战。

不疯魔，不成活，名师指点让她更上一层楼

小百花越剧团既然做出了让陈丽君改唱小生的决定，当然在培养上也是倾尽全力，时任小百花越剧团团长的茅威涛亲自指导陈丽君的学习。茅威涛扮相英俊，气度非凡，唱念做打都已达到很高的艺术境界。能成为她的弟子，陈丽君高兴不已。

尽管工作非常繁忙，茅威涛每天仍挤出时间来对陈丽君进行指导。她对陈丽君的要求非常严格，不仅要求她在唱腔、身段和表情等方面做到完美，还注重培养她对戏剧的理解和角色的塑造能力。在名师的悉心指导下，陈丽君的越剧表演技艺得到了全方位的提升。

舞台上优美的唱腔，对角色入木三分刻画的背后，是陈丽君用努力、汗水和伤痛换来的。她在练越剧《惊塔》的时候，练废了好几把伞；演《白兔记》的时候，首演还没有开始，她穿的那双虎头靴已经磨没了虎头。还有一次，她在练功时不慎扭伤了腰，仍跑到剧场的前厅练戏。那里大片的阳光照进来，人仿佛在铁锅上煎一样，脸似乎都要被烫伤了……她要忍着酷热，忍着腰痛，练一会儿，躺在地上歇一会儿，然后再起来继续练。有时候，为了赶上戏的进度，她甚至半夜爬窗进练功房练戏。

有时，她也会觉得很累很苦，但既然选择了这一行，她就没想过放弃，因为这么多年下来，越剧已经成为她生命的一部分。这个平时看似大大咧咧的姑娘，不想让别人看到自己脆弱的一面，只有在洗澡的时候，才会让眼泪混合着热水流下来。

好在功夫不负有心人。这些年来，她获奖颇丰。2011 年，陈丽君获得文化部全国艺术院校“文华奖”地方戏组金奖，2013 年获得浙江省第十二届戏剧节优秀表演奖，2017 年获得“新松计划”浙江省青年戏曲演员大赛金奖，2019 年获得“越美中华·越剧青年演员大汇演”金艺奖，2021 年获得《擂响中华》第三季“中国戏曲十大青年领军人物”总冠军等。

茅威涛对陈丽君更是赞赏有加，她说："陈丽君是我们浙江小百花越剧团特别优秀又特别拼命的'90后'演员，所有的比赛，她只要去参赛，就一定是金奖，她是唱念做打全能来。"金鸡奖影后，小百花越剧团出身的何赛飞也给予了陈丽君高度评价。

这些年来，陈丽君无疑成为浙江小百花越剧团的台柱子，她演过《葬花吟》中的贾宝玉、《梁山伯与祝英台》选段中的梁山伯、《断桥》中的许仙、《步步惊心》中的四爷、《何文秀》选段中的何文秀、《五女拜寿》选段中的邹士龙等众多角色。2023年，陈丽君在新国风·环境式越剧《新龙门客栈》中饰演的东厂太监贾廷一角，其舞台魅力将无数年轻女生迷得团团转，也让这个"90后"越剧女孩一夜之间火遍全网。

很多网友对陈丽君发出了由衷的赞叹："第一次在传统文化里看见了性张力！""全女班经典大戏开幕，中国人也有了自己的'宝冢歌剧团'，有了自己的'天海佑希'。"

唤醒国人的戏曲DNA，演绎一出很新的越剧

在全面呼吁"文化自信"的时代，以"爱折腾"出名的茅威涛做过很多努力与尝试。2023年，适逢"女子越剧100周年"的历史节点，茅威涛带着越剧《新龙门客栈》与观众见面了。

越剧《新龙门客栈》是对徐克导演的同名电影的改编。在保持原著剧情的前提下，他们结合越剧剧种所具有的"写意""诗化""象征"的特点，以及全女班的表演阵容，以"环境式驻演戏剧"的新样式，创造了"新国风""新江湖"。

不同于传统越剧，《新龙门客栈》主打一个"情境式""沉浸感"。整个剧场就是一间布满机关暗道的客栈，舞台和观众席融为一体。观众不只是"看戏人"，更是随时随地的"入戏者"，不仅要帮千户大人认人头，还能领到老板娘金镶玉的喜糖，和刁不遇来个鬼脸对鬼脸。观众在席间，耳朵听到的是猎猎风声，眼睛看到的是恣意江湖。

在这部剧中，"85后"导演、"95后"编剧和"90后"舞美设计，以及新生代演员，共同组成了年轻的主创团队。他们的加入为"小客栈"注入了青春气息和时尚表达，为观众带来了更加生动、富有时代感的观赏体验。

陈丽君最初得到的角色是周淮安，但是后来又让她演东厂太监贾廷，这让陈丽君心中暗喜，因为这个角色更有挑战性。她说："真正演了贾廷之后，我才觉得这个人物不是非黑即白的，他其实非常丰满，有很多东西可挖。"

2023年8月6日晚，《新龙门客栈》在抖音平台进行首次线上直播，新颖的表演形式以及演员们的精彩演出吸引了近千万人前来直播间观看。最后演出结束，演员返场时，陈丽君单手轻松搂住一身红衣的金镶玉，抱起旋转，衣袂翻飞，眼波流转的精彩片段，一下子将气氛推向了高潮……目前，每个月排15—18场的《新龙门客栈》已一票难求，不少网友为了目睹陈丽君的风采，更是到剧场一刷再刷。

在受到广泛关注后，陈丽君每天仍坚持在练功房中苦练技艺，她明白，观众的喜爱并不仅仅因为她靓丽的外表，还因为她对越剧的热爱和付出。因此，她更要加强基本功训练和对角色的深刻理解。她说："每一个中国人的骨子里都刻有戏曲DNA，我就像一颗小石子，希望能够为更多人打开越剧的第一扇窗。"

脆弱的反义词不是坚强，脆弱的反义词是不脆弱。我也不坚强，该哭哭该笑笑，过了就没有。

错误教会我的事

✽顾一灯

不碰高热量的食物已经很久了。和快餐的交集，仅限于麦当劳的减脂套餐——一个板烧鸡腿堡或一个双层吉士汉堡，配一杯饮料。但这个周六，前所未有的烦躁困扰着我。于是我花了三十多块钱，买了一份聚德尚烤鸭吃。

聚德尚烤鸭是一家总在街边或菜市场深处开设的连锁烤鸭店，分布在北京的各个城区。最近一年来，它似乎成了我心情的风向标。如果心情好，要么自己做一份爽口的三明治，要么出门约朋友吃顿好的。心情很糟的时候，就会稍微放纵一下，像今天这样，上午随便吃点，下午用一份烤鸭彻底填饱肚子。

而这周的痛苦，来源于什么呢？有一些痛苦是恒常的，如焦虑与孤独，正与每一位新时代的年轻人相伴相随。有一些痛苦只是偶尔浮现，但赶在一起，就产生了一种集聚的效果。

应当说，这是非常不顺利的一周。周一早上原本高兴地买了人艺的话剧票，抢到了合心的座位。上午在办公楼忙碌奔走，中间抽空看了眼手机，看见领导通知要出差，就在这周，偏偏赶在话剧演出前一天出发。于是，原本确定的日程被打乱。为了准备出差的活动，我开了许多个让人身心俱疲的会。为了出掉昂贵的话剧票，我与戏剧爱好者和黄牛交涉，中间还犯了许多之前不会犯的小错，让我拣出几件为你一一点数。

发朋友圈出票，只想给在北京的同学看，便用了欢脱的语气，写突然被拉去出差，需要出票之类的文字，结果把部分可见点成了不给谁看，发出去三个小时才觉察，估计领导和同事都看见了；平时记得遇了事向领导汇报，那天没找到领导，便请其他人处理，第二天忘了说，然后被领导叫去问……一件件事后，回到工位坐下，后背上起了一层细密的汗。

然后突然又接到通知，因为不可控因素，出差取消了，线下活动改成了线上。

于是，靠在座椅上长长地出了一口气。周末参加完线上活动，照旧去看话剧。仿佛银色的链条被一下下拧成麻花，又在某个瞬间朝反方向绞了回去。虽然之前的一些工作成了无用功，虽然有些错误犯了就没法弥补。

这才明白16型人格里属于我的“J”，究竟代表着什么。注重按计划行事，讨厌计划被打乱的失序感。完美主义，希望在别人面前展示好的自己，对错误下意识地感到厌恶。看姜思达采访晚晚，晚晚说希望别人觉得自己是好看的，所以会发精致华美的照片，展现生活中最美的一面，我居然产生了心有戚戚焉的感触。所以当中间人被甩锅会觉得烦，被人无视或放鸽子会觉得烦，犯了小错误也会觉得烦，然后决定吃点高热量的东西舒缓一下心绪。

可是到底从什么时候开始，我们对自己的要求高到了这样的地步呢？从小到大不能做错一个选择，仿佛踏空了一步就会掉下万丈深渊。刚从学校进入社会的年轻人既要谨言慎行又要有眼力见，因为犯错后别人嘴上不说什么，心里却可能有了成见。听过一些朋友的例子，结果是别人要么不再理你，要么会给你使绊子，总之是让人震惊的事。不明白为什么人和人之间的关系就脆弱到了这种地步，随随便便一点小问题，都能使之濒临破裂。

别人再严苛的标准，再毒辣的批评，都无法使我们成长为完美的人。对吃硬不吃软的人来说，或许还有些功用，可惜我并不属于这个类别。那么与其承受那些言论和期待带来的困扰，任凭烦躁的心绪像垃圾一样堆积，不如改变自己的心态，接受自己的一切缺陷。

人的一生，与其说是一个不断取得成就的过程，不如说是一场犯着错跌跌撞撞长大的旅行。成就拥有的时间总是短暂的，甚至成就本身就是可望而不可即的。上学读书，离不开一次次犯错，错误的题目被抄录成厚重的错题本，提醒着我们需要注意的问题。步入社会工作，同样离不开一次次犯错，我们会在深夜回家的路上复盘，想想怎么才能做得更好。犯错是生活的常态，从起点，到终点，一直延续。如果将每一次错误都放在心上，伴之以愧疚、愤怒与沮丧，我们的心实在无法承受这样多的负累，终会在某一天轰然倒塌，就像一座危楼的命运。

实在免不了的负面情绪，那便去想，只是想后要放下，不必苛责或勉强自己。正如偶然在朋友圈见过的一句个性签名：见了便做，做了便放下。

前些日子，母亲发来一段尹烨的采访视频，聊到为什么我们要保持达观。“乐天派的态度是，他们想这个世界更美好，世界便会更美好。不过其实如果再理性一点，无须乐观，也无须悲观，一切可能都是合理的存在，我就可以不再脆弱。脆弱的反义词不是坚强，脆弱的反义词是不脆弱。我也不坚强，该哭哭该笑笑，过了就没有。”听来令人向往。

心里好受了许多，有了更充沛的勇气面对接下来的生活。平静地在周末面对席卷而来的工作，不像之前一样着急，想到什么说什么，而是先想想来龙去脉和牵扯到的人，哪种处理方式更为妥帖，是否应当汇报，应当向谁汇报。这是之前的错误教给我的。

之后还会有更多错误教会我更多事。我接受这一切，并将继续向前。

世界于我，是天上月，而人们让我去爱的，是月亮的缺口，是一场虚无。

生活的每一处都值得爱

✽吴梦莉

近来，我在读《卡夫卡日记》。

这个凭借一句“我最擅长的事，就是一蹶不振”而受到时下年轻人追捧的作家，在日记里一如既往地袒露自己内心世界的混乱、敏感与断裂之处。但是，打动我的并不是这一点，而是整本日记所展现的，个人在时代洪流下的琐碎生活。“德国向俄罗斯宣战了。——下午去游泳学校。”1914年8月2日，世界翻天覆地，“我”仍然要去上游泳课。“我”活在世界之中，可世界并非“我”的一切。

不知是不是因为资讯过于发达，我们周遭充斥着“百年一遇”“千年一遇”等词。目之所及，尽是风起云涌的大事：战争、恶疾、洪灾……灾难无穷无尽，愤怒不休不止。

在这样的境况下，人们自然更偏爱宏大的叙事，譬如“宇宙”“世界”“命运”。它们光洁、轻盈、恒定，像物理题里那颗“绝对光滑的小球”，永生不灭。可是，作为构成宇宙、世界与命运的我们，是什么样子的呢？

最近这段时间，我的状态很差，与人聊天时，常常走神、心浮气躁、难以安定。

从小到大，我接受的教育都如此告诉我——世界广袤无垠，有无限的美好与可能。星辰与大海，远方与诗歌，这些遥远而抽象的事物会令我情不自禁地感到战栗，可是，在内心深处，我依然是惶惑无依的：我是宇宙的微小热能，可我与宇宙的大秩序并不相容，我难以体验事物本身。

午夜时分，一个人睡不着，站在镜子前，端详自己的脸：额头上冒出了三颗米粒大小的痘痘，眼圈青黑，鼻头有晒斑，嘴巴干裂，上唇中间有一道很深的裂纹……这些会在照片里被抹去的瑕疵，组成了一个真实的我。

我是一个人，一个丑陋的、软弱的、具体的人。

我忽然明白了长久以来，我的思想误区。我们常常被呼吁要热爱生活，可是，生活的概念那样宏大，我们该去爱生活的哪一处呢？我们看得到生活的哪一处呢？

大部分人活得那么不易，劳作漫长而枯燥，娱乐短暂而肤浅，我们不知道为什么而执着，只能紧抱着对自己和他人的恶意，陷入无止境的争执与埋怨中。

世界于我，是天上月，而人们让我去爱的，是月亮的缺口，是一场虚无。

天才如李白，亦有自己的万重山，兜兜转转，方才发现已过万重山，眼前一片澄明。而这世上的一部分人，比如我，一辈子都被困在这万重山中，更有甚者，一辈子不知道自己被困在山中。生活本是如此，不必再给自己虚设更多的山。

我终于知道，对生活的苛责和抱怨，或许才是真正过不了的万重山。所谓负重前行不过是心魔。世界原本粗糙，虽不完美，但不至于丑陋不堪，就像构成世界的每一个人。不论酸甜苦辣，生活的每一处都值得去爱，不是吗？

我在山中前行，月光落在我身上，像一场清凉的雨。

我依然相信这个世界上有大器晚成，但我们不要活在乌托邦里，成为真正的写作者，要么出于热爱文学，要么出于恐惧时光的流逝，想记录所有的过往。但都要走过一段辛苦的时光，无一例外。

请别再用大器晚成来催眠自己

✽ 韦娜

今天，坐在我旁边和我一起吃火锅的女孩，又一次对我感慨："我就是不想写，我要是一出手，肯定是畅销书作者。我要等感悟很多很多再写，做一个大器晚成的作者……"

她后面说什么，我真的没有听清楚。如今，我好像拥有了一种超能力，耳朵会自动屏蔽不想听的言语。经常是对方对我说了很多，我能接收的信息却很少，很少。

三年前，这个女孩就对我说过，她心中有许多故事，想要把它们写下来，但那些故事还不完整，她没有办法给这些故事一个结局。她在等岁月的打磨，时间的蹉跎，让这些故事成熟，遗憾的是，走过了三年，她的文字还活在期待里，并无一字。

我知道这个世界上有个词，叫大器晚成。

但我相信，一个一直活在自己造梦工程里的人一定没有办法明白，要想成为一个真正的写作者，就要先打败自己的期待，打败惰性。在开始写作以后，你会认识到自己的浅薄，就需要再去拼命地补充能量。但一直站在文字和故事外面的人，却经常会觉得自己怀才不遇。

我最初写作时，是大三那年，那时被骗了一万多元的学费（我是美术生，学费比较贵），我不敢告诉父母，所以只好去做兼职。大三时能做什么呢？除了家教，就是写作。

我找了一份家教，就是监督一个小女孩完成她的家庭作业。我每天去得很早，回来得很晚，小女孩考试我比她还要担忧，怕她考不好，也怕我被解雇。

写作呢，我记得当时所做的和写作有关的事情就是为一个网络小说作家写故事大纲，她随便给我一个开头，我就开始想往下会发生什么故事，为她提供思路。

那本是兼职的活儿，我却干得很带劲，经常为她想很多个故事的开头和结尾，她很满意，时常赞叹："你去写作吧，去写小说，写故事，不去写作太可惜了，你这想象力太丰富了。"

我并没有太在意，毕竟当时赚钱比接受表扬更重要，因为我还有压力，有学费要还。

大四的时候，有同学在找工作，也有同学在考研，我不知何去何从。那个小有名气的网络小说作家一直建议我去写小说。于是，我决定去考北京电影学院的研究生，自己好像获得了一种神奇的力量，自认为是有写故事的天赋的。

我去考北京电影学院时，就住在那所学校的地下室，为了避免潮湿，我特意选了一个带窗户的房间。真是庆幸啊，每个晚上我都能待在那个房间里看外面的黑夜。天气特别好的时候，每个能看到星星的晚上，我都觉得人生很幸运，然后，我一定会许愿，虔诚地许愿，希望星星能带给我光明。我那时的理想除做一个作家和编剧之外，还期待有一天能住到地面之上，不再像一只卑微的老鼠一样躲在地下室里。

我每天都在写作，写啊写，直到我找到工作，是做一名配饰设计师，白天上班，晚上回到家，我依然写作。我就是停不下来，我很想倾诉，却没有朋友，有一种道不出来的孤独感。我看书，不停地看书，各种书，一遍又一遍，直到今日，我依然很喜欢翻书时那种沙沙的声音，很清脆，像是晨间的鸟鸣，像是轻咬美味的薯片的声音。

我当时的老板毕业于清华美院服装系，她很支持我写作，经常对我说："你做完手里的工作，就赶紧去写作，别耽误时间。"

于是，我一边在酒店里帮着做各种配饰的活儿，摆各种配件，一旦闲下来，就会构思故事，把一些段落记下来，到晚上时再把故事写出来。虽然那段时间很辛苦，我却享受其中，我总觉得自己以后会写很多的故事，一些故事会被出版，一些故事会被改编成影视作品。每次想到这些，我就很开心，觉得人生充满挑战，真的很累，但也满是乐趣和希望。

后来，我辞职来到一个杂志社，我经常出差去讲课，去很多城市，走过很远的路，去过很多学校，见过很多人、很多风景，但每当夜色落幕，安静下来，我知道这些都不属于我。

真正属于我的就是写作，以及在文字之间找到的平静的力量。

我真的很喜欢黑夜，包括写下这些文字，也是在黑夜中。

黑夜，让世界安静，也让所有人冷静，我钟爱黑夜带给我的平静。王小波说，一个人只拥有此生此世是不够的，他还应该拥有诗意的世界。我想，我已经找到了这诗意的世界，那就是写故事，写各种不同的男孩、女孩的故事。

我之前总是混混沌沌的，每隔一段时间都会叫嚣自己迷茫，可自从写作以后，我开始认识到时间的宝贵。除去上班、睡觉的时间，我恨不得把所有的时间都拿出来写作，当然，我也想过辞职当专职作家，尤其是看了村上春树所写的《我的职业是小说家》以后，我更想辞职，但我看到身边的作者，他们大都辞职去做了专职作家，一个月后，其中一个男作者发了一个状态：辞职一个月，写了一千个字。所以，一边工作，一边写作的方式固然辛苦，但我再也没有想过辞职去写作。

我只能把所有闲暇时间，打磨成一个个流动的书桌，地铁上、火车上、飞机上，去宾馆的路上，只要我能拥有的大段的时间，我都会拿来构思或写作。我很享受这样的时刻，这是属于我一个人的浪漫，也是我一个人的精神世界。

有一次我去洛阳讲课，但那天一直在拉肚子，虽然吃了药，但我站着讲课时，依然浑身冒汗。拉肚子，真是尴尬啊，我演讲的时候，居然发生了这样的事情，但我只能忍着，一动不动地站着，结束的时候，我跑到洗手间，居然哭了。在做很多事情之前，我们根本不知道去做它有没有意义，能够带给自己什么，但是做了之后，你赢得的那些掌声，那些呼唤，还有更好的自己，更勇敢的状态，或许就是对成长最好的回答。

从洛阳出差回来，第二天，当我看到自己的书被出版时，内心非常平静，突然觉得一切都值得，真的都值得。你没有走过那些路，没有经历那些尴尬到永生难以忘记的时刻，你就不会懂得一个人在成长中挣扎是怎样的感觉。你没有吃过那些苦，经历那些住在地下室数着星星许愿的美好，以及去吃快要过期的面包的辛酸，你就不会珍惜每一个闪光的时刻。

真的好想告诉那个陪我吃火锅，一直喋喋不休地在我面前说自己能写很多故事的女孩："去写吧，虽然任何事情真实地去做起来时，真的有些难。"

就像我那几个热衷于创业的小伙伴又聚在了一起，商讨要做一件大事。从是加盟奶茶店，还是到798开咖啡馆，是去五道营开外贸店，还是到宋庄开画廊……聊完以后，大家还会说，记得联系，再联系啊。事实上，他们没有因为事业聚会过。而一旦见了面，事业又会成为头等重要的大事，大家商量不停。

我其实挺怕那样的场景——我们每个人都在商量，可以做什么，可以完成什么，拥有怎样的梦想，说起来头头是道，但都是虚张声势，哄哄别人，欺骗自己。那些年，我们要做成的大事，吹过的牛，一件也没有完成。

我带着梦想一路走来，一不小心走到了现在。我清楚地知道，若三年都没有写出任何故事，任何文章，我相信十年，三十年，只要不动笔，不构思，永远无法书写出动人的故事。

我依然相信这个世界上有大器晚成，但我们不要活在乌托邦里。成为真正的写作者，要么出于热爱文学，要么出于恐惧时光的流逝，想记录所有的过往。但都要走过一段辛苦的时光，无一例外。

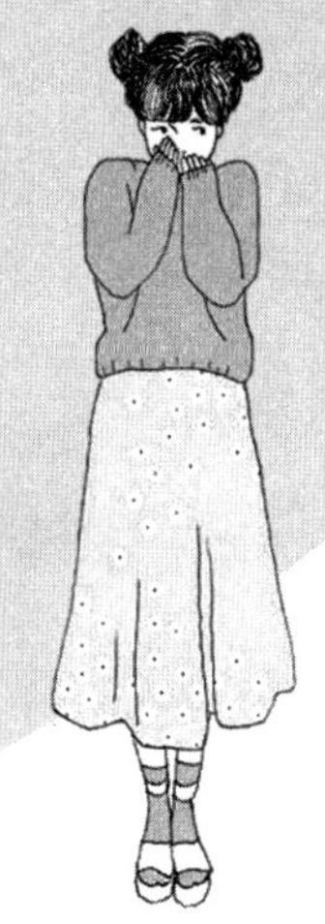

人生的路不白走，
每一步都算数

人这一生，能设限的只有自己

✻季小念

摘自微信公众号“帆书樊登讲书”

每个人的一生，都不可避免地要走很多弯路，做错很多选择。

一个名为周信静的年轻人，用了十一年，从职高，一步步走到了麻省理工。

评论区里，不少网友都对他的经历表示叹服：“回头看，轻舟已成大航母。”

在很多人眼里，职高都是学历低、没前途的代名词。

周信静却凭着自己的努力，硬生生从职高杀出一条血路，逆天改命。

很难想象，这一路他究竟经历了多少苦难。

但唯一肯定的是，他的人生，从来没有设限二字。就像励志演说家莱斯·布朗所说：“生命没有极限，除非你自己设置。”

人这一生，能限制住自己的，只有自己而已。

阻碍一个人成长的是自己内心的高墙

生活中，很多人都遇到过这样的情况：明明这个任务可以完成，但你总觉得自己能力不够，于是放弃了；领导给了一个晋升名额，你却认为自己还不堪重任，便拒绝了。

其实，有时候困住一个人的，既不是年龄，也不是身体，而是自己心灵上的枷锁。

一旦一个人内心默认自己处于一个角色中时，就会被固有的认知桎梏，无法发挥出全部的能力。

心灵不设限，你才有可能超越自我。而这，其实也是上文中提到的周信静的选择。

他出身寒门，听别人说以后赚钱不用学习，只要学技术，就在本该读书的年纪，选择去职高学技术。然而，毕业以后，他才发现这是个错误的决定。于是他幡然醒悟，选择重新拿起书本，但因为长期不读书，他只考上了一所普通的大专。

开学以后，他就开始为专升本做准备。为了能去更好的学校，他参加了大学生程序设计大赛，拿到专科组的一等奖。后来又成功通过专升本考试，来到杭州电子科技大学。但他向前的步伐依旧没有停，他选择了读研。凭着出色的编程能力和满分的机试成绩，他成功被浙江大学录取。

研究生毕业后，他先后进入阿里和腾讯实习和工作，同时还申请去美国高校读博深造。最后，成功被麻省理工学院录取。

看似一往无前的背后，他却足足走了11年，甩开了无数鄙夷的目光，一个人来到了终点。

在绝大多数人眼里，看到开局是职高，便认定不会有下文。

我们总喜欢给自己的人生设置太多的假设和前提，以至于我们认为自己的人生没有希望，无能为力。

殊不知，人生最后悔的事不是失败，而是“你本可以”。

加拿大传奇歌手莱昂纳德・科恩说过：“不够完美又何妨，万物皆有裂痕，那是光照进来的地方。”

总有些人，勇于突破自我的极限，碰触能力的边界。

而那些别人眼里的折腾和裂痕，才会真正地让我们的人生摆脱黯淡，闪闪发光。

只要有目的地，怎么走都算数

有人说：“人生的路不白走，每一步都算数。”经历得越多，就越发认同这句话。

在学习工作上遇到了打击，你苦恼得想要放弃；被公司辞退后，你望着五彩斑斓的城市街头，心里万般无助；人生大起大落后，你悲愤不已，却不知如何是好。

于是，你茫然地停在原地，一个劲地绝望，却忘记问自己：我的目的地到底在哪儿？

其实，人生中走过的每一步路，只有好坏之分，没有对错之分。

每一步路，都是为了让你离人生的目的地更近，找到那个更好的自己。

音乐人李宗盛说：“时过境迁，终于明白，人一生中每一个经历过的城市都是相通的，每一个努力过的脚印都是相连的。它一步一步带我走到今天，成就今天的我。”

柳智宇，一位有着“柳神”称号的数学天才。从小到大，他的人生都一帆风顺。

从参加竞赛拿金牌，一路被保送到北大数学系，再到拿到麻省理工的全额奖学金，妥妥的“别人家的孩子”。然而，他做了一件让所有人都大跌眼镜的事。他悄悄拒绝了麻省理工的导师，拿着行李跑到了龙泉寺，决定剃度出家。于他而言，“天才”“荣誉”都是别人眼中的他，实际上的他，更想踏进佛门普度众生。

但现实却不像柳智宇想象中那般如意。寺庙清净，却依旧有琐事纷扰，他无法平衡自己与大众，更不想被外界评判自己的价值。于是，在出家11年半后，他又选择入世，做起了佛系心理咨询。

有网友说他是白白浪费时间，到最后，还是挡不住俗世的诱惑。但对柳智宇来说，无论是出家还是还俗，都是他的一场修行，是他通往自我的一条必经之路。

每个人的一生，都不可避免地要走很多弯路，做错很多选择。

绕不过，也避不开，我们能做的，就是向着心中的方向，直面痛苦与挫折。与其时不时焦虑明天，生怕走错一步，不如努力活在当下。

在每一段时光里，安排好自己的生活，不辜负岁月，一直走下去。

说不定哪天就能走出寒冬，走进春天，走着走着，花儿就开了。

人生是一片旷野，而非一条轨道

前不久，2024 年考研大军完成考试，宣告这一仗的结束。但紧接着，他们又背上行囊，准备用两个月的时间突击考公。有人说他们卷，殊不知，他们那么努力，只是为了“上岸”，找到人生的归途。

但仔细想想，人这一生，究竟什么才是真正的“岸”？

前段时间，有一位朋友从体制内离职了。面对大家的不解，他却显得格外淡定。当初，他听从父母的建议，一毕业就考进了体制内。从此过上了每天五分钟就能到办公室，一回家就有热腾腾的饭菜等着他的生活，一度让我们艳羡不已。他也为自己成功上岸，沉浸在喜悦中。

可时间一长，他突然意识到自己的一生好像被困在了围城里，一眼就能望到头。

生活中，越来越多的人开始踏上既定的路：

年少时，父母说考上大学就放松了，于是，考大学就是我们的“岸”；

毕业后，父母说找到工作就轻松了，于是，找到工作就成了我们的“岸”；

工作几年后，父母说要结婚生子，于是，结婚生子就成了我们的“岸”。

我们从一条岸迈到另一条岸，后面还会有无数的岸等着我们。

到底什么时候才是个头呢?

心理学中，有个“社会时钟”的概念。

说白了，就是“什么年龄要做什么事”：到了年龄就要上学，学业完成后就要找工作……

我们就像是被设定好的系统一样，要在合适的时间做合适的事。

然而，人并不是机器。有时候，我们也需要停下脚步，思考一下自己真正想要的是什么。

就像樊登所说：“非体验，不人生。人活着就是为了探索不一样的路径，体验不同的经历。”

人生是一片旷野，而非一条轨道。想要什么，就要自己去争取。

毕竟，野百合的春天也需要自己去奋斗，在逆流中，轻舟不会无缘无故越过万重山。

《明朝那些事儿》中有一句话：“这世上只有一种成功，就是能用自己喜欢的方式度过一生。”

人生有太多的无可奈何，我们习惯了顺从，却忘记自己才是真正的主角。

遇到了不喜欢的人或事，那就远离；碰到了不想做的事，那就拒绝；找到了热爱的事，那就坚持。

你看，纷繁复杂的世界也可以很简单，关键就在于你怎么做。

而一个人最可怕的就是，世界没有把自己禁锢住，自己却先自我设限了。

除了自己，没人可以定义你。

我的努力还有意义吗

✽陶瓷兔子

有一件事别忘了，每个人的终点不一样。

有人问我：为什么别人的运气总是那么好，你说我努力还有意义吗？请你自问这样 句：你那么期待未来，怎么能总是把生命浪费在侥幸心理上呢？

我出生在一个普通家庭，是一个标准的小镇青年，到了初中才接触到网络，到了上大学才第一次出省。我妈说起我的小时候，记忆最深的是两岁多的时候，我爸带着我出去玩，回来的时候，我的血管都冻得发紫了，她把我放在被窝里暖了一夜。她每次都说："你小时候差点儿被冻死。"

初中时，自己暗恋的男孩一点也不喜欢自己；哪怕一直是全校前十名的成绩，但高考第一天，数学就发挥失常了，第二天理综继续滑铁卢，原本稳稳上重点大学的水平，最后只考上了一所普通大学；毕业后想在小城市过岁月静好的生活，却遇到公司频繁拖欠工资的状况；鼓起勇气来到北京投奔男朋友，却被他告知：

“我是很喜欢你，但我们不合适，还是分手吧。”

你看到的我身上呈现的乐观、坚强、上进，其实都是不被爱也不被运气眷顾的后遗症。但凡到了这样一个地步，看似没有什么转机了，可是我不想放弃自己千疮百孔的人生。走在了四下无人的黑夜里，如果你的这点气儿提不起来了，那唯一的一点光，就真的没有了。可是要怎样才能把手里的这副烂牌打好？不一定要赢，先别输就好。这就是我来到北京的理由，也是我一直尝试一直努力的理由。

后来等待我的，是从零开始的梦想，是远离亲情爱情，前途无望的窘迫，是背水一战的反击。从拥挤的8人间宿舍，到跟朋友合租在郊区的小房间，再到现在居住在明亮舒适的公寓里。从发不出工资的小公司辞职后来到北京，经过在出版营销行业的三年成长，终于进入一家业内知名的互联网公司，实现了梦想，也成功出了自己的书。

前几天，我的大学导师邀请我回母校参加分享会。我当时心里想的是，我就是在等待这个时刻，等一个在曾经黯淡的人生里稍微发一点点光的机会，像是与18岁的自己久别重逢，道一声“好久不见”。那时候的我，没有被什么好运气青睐过，也不知道怎样才能过好这一生。但我知道，我没有依仗命运偷偷发来的快速通关卡，我也没有真正奢求过好运气。哪怕我现在依然没有逆袭，但我相信，靠自己努力成长比相信运气要靠谱得多。

成长也是一个先破后立的过程，过程有多难，成功就有多爽。我想，所谓成长并不是年龄的节点，所有人的成长背后都有一个核心问题，就是他知道时间有限，有限的热情、有限的活力，只能放在有限的事情和有限的人身上。

情感作家庄雅婷说过这样一段话：慢慢接受“没有奇迹”的设定，终于可以享受平凡的丰盛；不再想着“放大招”让人刮目相看，因为对自己到底是什么样子已经有了清晰的认定；最后你会发现，如果始终不开心，那么我们追求的一切都毫无意义。

如果你问我时间的意义，这就是时间的意义。越是热情的人，越应该懂得，不去做无谓的尝试，否则会让你迷失自己，磨损你鲜活的生命力。更不要去透支你的期望和热情。

有时候强大不是一种选择，而是你必须走的路。我依然相信努力的意义，我也依旧坚信命运就掌握在自己手中。不信你看，紧握了双手的自己，摊开了，也能拥抱整个世界。

我知道每个人的起点不一样，当我们说“条条大路通罗马”的时候，有的人就出生在了罗马。可是，还有一件事别忘了，每个人的终点也不一样。所以，我还要继续努力吗？要，要比别人付出更多的努力、更多的真诚，一往无前，勇敢热烈。要努力下去，走下去、美下去、爱下去，直到与更加强大的自己相遇。

改变命运的逆袭

❀施晶晶

从来没有逆袭的天才，唯有奋斗不止的青春。

2018年，初中毕业的姜雨荷还是个“打工妹”，在工厂流水线上没日没夜地劳作。南下务工半年后，她重回校园，进入河南化工技师学院(以下简称“河南化院”)。2022年11月，姜雨荷在世界技能大赛上夺金。在化学实验室技术项目上，这个20岁的姑娘，为中国队实现金牌数“零”的突破，由此成为河南化院最年轻的教师。

野孩子

回忆童年，姜雨荷用“野孩子”来评价自己。

姜雨荷的父母都是农民，农活儿繁重，顾不上督促她和两个哥哥的学习。农民家庭出身的孩子，帮忙做家务是他们避免不了的事。现实环境所限，加之爱玩的天性，小孩子往往很难用好的学习习惯约束自己。用姜雨荷的话来描述，就是“除了正儿八经在学校的时间，其他时间基本上都不学”。

课堂上，她坐不住，数学课尤其听不进去。越往后学，跟不上进度的感觉越强烈。

初一的时候，她试过重新开始，硬着头皮学。起初效果不错，班主任也觉得她是个好苗子。可后来，她和留级的两个同学玩到一起，又将学习放到了一边。初三那年，姜雨荷没有参加中考。她不想上高中，也觉得自己考不上，何必浪费钱？于是她拿到毕业证就走了。

父母劝她读高职院校，可那时，她对学习只剩厌倦。世界那么大，她想去外面闯荡，就和亲戚一起坐上了去东莞的车。

回去上学

到了东莞，姜雨荷才发现，这里虽然工厂多，但好一点的岗位普遍都要求高中及以上学历。为找工作，他们还遇到了不靠谱的中介，险些被骗。

最后，还是她自己去厂区一家家看，才进了一家电子厂，成为工厂流水线上的女工。上工的时候，她要重复一个固定动作：一只手从流水线上抓起五六个手机外壳，另一只手用海绵砂在手机壳边角上打磨抛光。10 秒左右就得换一把，一天要干十几个小时。

刚开始，姜雨荷觉得自己还能跟上速度。后来她才知道，那条流水线上，几十号人都是和她一样的新手。大家渐渐上手之后，她形容流水线的速度“快得要命”。

头一个星期，干流水线的辛苦，转化成了切身的酸痛，早上醒来，“骨头都跟散了架一样”。一个月下来，工资也只有 4000 元。日子久了，她越发不甘心。自食其力的新鲜劲儿过了，工厂里的闲聊不再好笑，更多的是“满嘴跑火车”，对她没什么帮助。

流水线上的未来，她一眼就望得到头。“我还这么年轻”，姜雨荷想要重新开始。

体面的工作仍然不好找，而这一次她告诉爸妈：“我要回去上学，学一门技术。”

2018 年 3 月，姜雨荷结束了半年的打工生活，进入河南化院。

唯一的选手

恰当的选择，良好的机遇，常常是改变命运的两个必要条件。来到河南化院，姜雨荷正赶上了好时机。

那年，学校刚准备培养自己的职业技能参赛选手。之所以如此，是因为在这之前，半路介入、培养别人家的学生，效果并不理想。不仅短时间内很难提升选手的实操水平，外校选手和教练之间也缺乏足够的信任，沟通执行多有障碍。他们这才退回到竞赛选拔的起点，把愿意深入学习的学生选拔出来，成立培优班，再从培优班里选苗子。

不同于选拔运动员，他们看的不是骨骼天赋，而是有没有上进心，再考查动手能力、心理素质、体能水平。几轮筛选过后，20 多名学生被选了出来，姜雨荷就是其中之一。

集训初期，姜雨荷的成绩排在中游，学得也挺吃力。

化学实验室技术，要用到很多仪器。做化学分析、实验测量、色谱分析，有很多细致的步骤。称量、萃取、分馏、加热，出手要快准稳，还要拿捏好时间，追求精准度。

教练王振峰以“称量”举例，少了 0.1 克，后续的测量就不准了。称量3次和10次才取准，又有不同。做化学滴定，读数更要精确到0.01毫升……技术含量，就体现在精准度上。精准是应用的要求。分析检验是科学研究和工农业生产的眼睛。“如果分析错误，可能导致企业生产出好几吨不合格的样品，那是浪费。如果环保检测不准确，原本合格的企业可能就要关闭整改。”王振峰解释，它要求从业者有扎实的理论基础和更高的技能水平。

比赛时，标准比这更高。一项最基础的任务做一两个小时，再正常不过。比赛历时3天，要做十几个小时的实验。

训练既苦又累，有选手受不了，主动退出；要么就是在月度考核中，被动淘汰。参赛名额有限，竞争总是残酷的。到了2019年年底，校集训队只剩2名选手，姜雨荷是其中之一。训练继续，这时仅有的2名选手里，另一个男生也放弃了。他是上一届比赛的选手，比新人姜雨荷训练时间更长，原本有望成为这一届比赛的主力，但他没能坚持下去。他告诉教练，自己要去找工作。于是，姜雨荷成了唯一的参赛选手。

“很多时候我觉得我能坚持下来，更多的是出于一种责任心。如果我放弃了，谁再去做这件事情？”姜雨荷坦言。

成了唯一，姜雨荷的心理发生了奇妙的变化。教练王振峰看在眼里：“那个男生走了以后，我明显感觉到她更自信了，敢发表自己的意见。”教练龚玉印也看到了姜雨荷的变化，之后的省赛，她的成绩一直领先，还能和第二名的选手拉开不小的分差。这个河南化院唯一的选手，又拿到中国队在该项目上唯一的参赛名额，去冲击世界技能大赛。

教练全力以赴

在夺冠之路上，不只姜雨荷，她的三位教练也全力以赴。她一个人在实验室操作实训的日子里，教练们一直都在，给她出考题，做指导。

主教练贺攀科，是她眼中“无所不知”的人物。“我问过他的问题，他没有一个说不会、不懂，再难他都能查资料，找到答案，然后很明白地教给我。”姜雨荷说。

在生活上，哪怕做实训到下午1点多，教练也会等着她，或者帮忙带午饭回来。在那些难熬的苦训日子里，教练的陪伴和指导，也打消了姜雨荷想要放弃的念头。她不是一个人扛下来的。

准备全国赛的时候，三位教练给姜雨荷设计了很多新题，训练她的应变能力。

“出新题的过程我们自己也要去试，确定这道题能做了，再让她做。我们能想到的题目她都做过。”龚玉印说。后来参加世界技能大赛，遇到新题型，姜雨荷便能很快进入状态。

世界技能大赛的考题是用英文出的，参赛选手得先看懂题目，才能操作。而实验报告也要用英语写，这是世界大赛和国内比赛最明显的区别。

对很多大学生来说，英语都是一块难啃的骨头，更何况是初中毕业的姜雨荷。

当时，三位教练一起教她专业英语。为了让姜雨荷更早适应世界大赛，教练早早地把之前出的题，翻译成英文，让她去做；

再把出现频率高的单词摘出来，让她去记。后来，正好学校竞赛办公室有老师留学归来，教练们就请她来教姜雨荷口语，让她从 26 个字母、音标开始教姜雨荷。

当然，更多时候，还得靠姜雨荷自己。英语是座大山，搬走它，没有捷径，要像愚公移山一样，一词一句去记，一步一个脚印。世界技能大赛特别赛上，她提交的英文实验报告长达 11 页。当时，姜雨荷看到，母语是英语的外国选手，向她竖起了大拇指。

教练还把姜雨荷送到学校的合作单位上岗实习，在岗位上体验更真实的工作状态。这些用心安排的训练方法，让姜雨荷明白，自己该往哪里使劲儿。

是训练，更是教育

培养姜雨荷，学校投入了很多资源，但这份聚焦是纯粹的。龚玉印说，一开始，他们没想过只用一届的时间，就把奖牌选手培养出来，他们想的是“放长线”“先打基础”“摸着石头过河”，然后姜雨荷出现了。

终点处的奖牌意味着什么呢？回头去看，过程中体现的细节颇显珍贵。它让姜雨荷和教练的关系，不只停留在技术层面的“训练”。比赛虽是目标，但培养的过程，回归了“教育”。

在这个过程中，有传统的题海战术。但另一边，在技工学校的大环境中，他们通过选拔赛手，营造出带有“精英教育”色彩的局部气候：它要求更高，覆盖的学生数量很少，但资源丰富，个性化和目的性更明确。

“但是你反观这个体系，确实有它的好处，一个人经历层层选拔后，其个人能力、心理素质会发生由量变到质变的成长。”王振峰引着我去看，和受训的学妹站在一起，年龄相仿的姜雨荷，显然更像个老师。

姜雨荷更自信了，这是王振峰和龚玉印几次提到的一个变化，而不自信，是很多技校生的共性。当然，对姜雨荷来说，自信也不是偶然出现的，而是一点点被唤醒的。起初，姜雨荷还不会解一元一次方程，但王振峰从头教起，发现她一点就透。教练就夸她，而她的信心就是在无数个被鼓励、被认可的瞬间培养出来的。在比赛中赢得名次，是更显著的认可。持续积极的反馈，也会让她相信，只要花点心思，踮脚够一够，就能摘到金苹果。

有人问过姜雨荷，当初为什么愿意进河南化院的培优班。这个姑娘其实想得极其简单，培优班管饭，“我就是奔那顿饭去的”——这是姜雨荷真实又可爱的一面。

后来就不一样了。“学校花这么大精力，三位老师培养一个学生，她确实也觉得这是一个很好的机会，她自己会花心思，后边就能明显感觉到她进步很快。”王振峰说。

金牌之外，过去十多年间，也许从未有人如此细致、持续地关注她，指导她，鼓励她，认可她。

这个姑娘让我们看见，从来没有逆袭的天才，唯有奋斗不止的青春。即便处在一个不高的起点，绕了点远路，但只要融入一个适合自己的环境，仍然可以改写命运。

不漂亮女孩成长记

✲张晓晗

在取悦自己的路上，我学到了那么多自给自足的方法。

前几天聊天，有一个公认的大美女不停抱怨社会不公平，就因为自己长得美艳一点，就总被人说她得到的一切全靠潜规则。她肯定不明白，从那张精致的小嘴里吐出的每一个字都深深刺痛着我……

小时候我就想，是不是漂亮女生和不漂亮女生一出生就被套在两种截然不同的命运里？

第一次感知到人类的长相有差别是在小学时。我妈给我买了一个头花，塑料质地，颜色很鲜艳很俗气的那种——我扎了一个高高的马尾，感觉倍儿好地去上学了。半天课还没上完，我的头花就被身后的小霸王扯下来了，扔在文艺委员的桌上。

课间我去讨，小霸王说这是他送给文艺委员的，还指着我大笑着说："这个根本不适合你啊，你扎起来就像是卷毛狗扎辫子。"周围围观的同学被他这么一提醒，也跟着哈哈大笑叫着"卷毛狗"。

虽然文艺委员很大度地说："还给你啦。"但我再也不想接过那个头花了，因为我真的觉得自己配不上它。

为什么小霸王要扯我的头花送给文艺委员？我想了好久，渐渐摸索到答案，文艺委员是全班最漂亮的女生，还会跳民族舞，而我，只是一个头发自然卷的邋遢女生。

我觉得最可悲的不是不漂亮，是不漂亮而且早熟。从那以后，我因为头发的自然卷不知道自卑了多长时间。我每天早起一小时就为了跟倔强的头发作斗争，一遍遍用水打湿它，但是很快水就被蒸发掉，头发又弯了起来。

我看《我的少女时代》特别有感触，朋友都不知道为什么。她们不会懂，拯救我们卷毛少女的三个字不是徐太宇，而是……离子烫。自从离子烫被发明之后，再也没有朋友知道我其实是自然卷了。

纵然解决了“卷毛狗”这个称号，我也从未挤进漂亮女生的行列。我头发虽然直了，但是眼睛小啊！还是单眼皮，大脸盘，而且是瘢痕体质，终生不可能整容的……意识到这个问题之后，我开始另辟蹊径，学着搞笑，说话幽默，让和我待在一起的人感觉轻松。有几年《超级女声》掀起了中性风，我就装爷们儿，各种宽大T恤破洞牛仔裤，骑自行车摔在地上也要立刻爬起来，并在内心高歌：“风雨中，这点痛算什么！”

既然已经不够好看了，我还要尽可能在专业领域优秀一点——读书时就争取做到每次作文都能在全年级传阅。我在那种四五个人的女生小团体里有一席之地，就靠着帮她们写情书，编她们跟暗恋男生的玛丽苏小说立足。

直到现在我还是经常会被人评论，也遭受过“啊，原来你长这个样子啊，看了你写的东西还以为是漂亮女生，果取关（果断取消关注）”之类的留言。真心话，谁收到这样的评价会不难过呢？明明那么努力，想用实力获取别人的喜欢，可最终拼的还是长相。

我也抱怨过不公平，为什么这世界有这样偏激和可笑的设定呢？所有的励志故事里都强调着心灵美，可现实是大多数人评判你的标准就是这副皮囊。每当有尚处青春期的读者问我，难道这真是一个看脸的社会吗？我都不知道如何回答，也可能很多人现在的选择就是答案。

我认识的年轻女孩越来越多地把个性、才华抛到一边，转而关注一些整形产品。在高中当老师的朋友说现在很多家长给少女的15岁生日礼物就是一整套名牌化妆品。

怎么说呢，直到今天我坐在电脑前写下这些，才想好这个问题的真正答案。

如果让我再选一次，我还是会用这张脸过这一生。就去当那个被抢掉头花的女孩，去当那个为了迎合别人审美努力笨拙过的女孩，去当那个知道自己不够漂亮学了一堆东西的女孩。如果不是傻乎乎地走了这些弯路，可能我永远学不会一种“孤芳自赏，关你屁事”的生活方式。

在取悦自己的路上，我学到了那么多自给自足的方法。我有一份擅长的工作，有能养活自己的收入，有消遣无聊时光的爱好，最重要的是，我拥有了一种人生存于世的勇气。

我们是种子，埋在地里，那么努力地生长，或许会沉迷于开花时路人驻足投来的目光，但花期毕竟短暂，更令人满足和快乐的，应该是结成果实，与真正配得上的人分享。

“北大保安”讲了堂人生课

✽雨馨

星光不问赶路人，时代不负奋斗者。

因掌握“15000+”英文词汇量火上热搜的北大“网红保安”许文龙，又因新的求学动态惊艳网友。据报道，他在工作之余完成所有课程并通过答辩，将获得北京林业大学风景园林专业本科学历。

从初中肄业当保安到取得学士学位，许文龙的“逆袭”鼓舞人心。在很多人看来，这已经是他的“人生巅峰”，可许文龙本人再次朝着更高、更难的目标迈进。面对外界的不解，他只淡然回应了一句：“学习是最廉价的改变命运的方式。”而结合其成长背景来看，我们更能体会到这句话的分量。生在偏远山村，父母靠种地拉扯7个孩子长大，他勉强上到初中就辍学打工……可以说，许文龙的人生之路“输在了起跑线上”。但面对这样的现实，许文龙没有自怨自艾、自暴自弃。他三更眠五更起，日拱一卒，不懈奔跑，长期坚持，最终换来大学的入场券。

生活以痛吻我，我却报之以歌。“网红保安”的求学经历感动亿万网友，但让人动容的不是苦难，而是苦难背后的坚持与奋斗。放眼望去，像许文龙这样把握住学习这个改变命运的关键方式，最终重绘人生励志故事的人还有很多。“清华厨师”家境贫寒无奈辍学，凭着挑灯自学考出托福630分的好成绩；山西大学的楼管大姐因高考失利与梦想失之交臂，用超人毅力读书奋进最终续写梦想；《中国诗词大会》第三季总冠军雷海为是位外卖小哥，他在送餐间隙读书背诗……他们的生活故事不尽相同，但都是靠着顽强不屈的精神，最终将自己活成了生活中的那道光，也激励了每一个认真生活的人。

星光不问赶路人，时代不负奋斗者。漫漫人生路，每个人的起点和际遇各不相同，但只要肯努力奔跑，再遥远的终点都会抵达。对大多数人来说，“在黑夜里寻找光明”的极端境况并不常见，但谁都少不了困顿迷茫，而无论到了什么时候，“知识改变命运”“奋斗成就人生”都是最基本的价值归依，这也是“北大保安”的求学故事能够引起人们强烈共鸣的原因。几十年来，中国在改革开放发展中焕发出强大生机活力，也前所未有地赋予个体追求幸福的多元维度和可能性。只要珍惜与把握住这样的机遇，时代必然不会辜负每一个人，这样的互动，何尝不是最美的“双向奔赴”？

千里之行，始于足下。“网红保安”的人生故事，让部分懈怠者发出“我还有什么理由不努力”的喟叹。往者不可谏，来者犹可追，在新的一年只要我们认真活好当下，努力生长拔节，就能收获丰盈充实的人生。

银汤匙与拳击手

✲Jenny乔

全世界都在教你怎么成功，却没人告诉你如何应对失败，所以那些自学成才的人就特别优秀。

最近，我在朋友圈看了一段TED视频，刷新“三观”。

演讲人是人力资源总监瑞吉娜·哈特利。视频一开头，她就问了一个扎心的问题：如果你是一个HR，给你两个符合条件的候选人，你会选谁？

候选人A：常春藤学校毕业，绩点4.0，完美的履历，出色的推荐信；候选人B：公立学校毕业，做过很多廉价工作，做过收银员和卖唱的服务生。

毫无疑问，大部分人会选择A，人才，完美，无可挑剔。可瑞吉娜说，我们应该选B。

她做了一个形象的比喻：前者是银汤匙，后者是拳击手。银汤匙是大众眼中的佼佼者，拳击手却是被低估的潜力股。

她这么一说，我脑子里立刻想起一个朋友。他是一家互联网巨头的部门一把手，意气风发，人生赢家，约他吃饭要排队，谈个合作得等位。

可我们俩刚认识的时候，他完全不是这个状态，干什么赔什么，去哪儿哪儿倒闭，简历都不敢往外拿。

据他自己说，当面试的HR问到他的前东家时，脸都绿了。

中国人信风水，他说自己可能是克单位。于是，他干脆不上班了，自己创业。没想到居然成了，项目被大公司收购之后，他也谋了个不错的职位。从那以后，他招人就喜欢那些背景复杂、经历过困难的。

我问他为什么。他说了一句话，和视频里瑞吉娜的答案如出一辙：“这个人经历了这么多困难，简历还能摆在你的桌上，你说牛不牛？”

的确如此。放眼身边，那些没经历过职场动荡的人，都无比脆弱。反倒是挫折不断的人，往往能勇往直前。我把这些人叫作“见过世面的人”。

见过世面的人，都有这么两个特点：不容易患得患失，还总能出奇制胜。

说一件我特别有感触的事儿，是闺密给我讲的。

她在一家五星级连锁酒店集团工作，

两年前，她们公司来了一个“90后”，年纪轻轻，背景却特别复杂，在各种各样的公司工作过，和她们公司一贯“高大上”的风格格格不入。

起初，没人看得上这个“外来户”。可后来发生了几件事，让不少人都对他另眼相看。

第一件事发生在去年。当时公司全球业绩下滑，总公司给中国区制订了一个不大不小的裁员计划，每个部门分期分批进行，没人知道老板最后到底会留几个人。

闺密说，办公室里人心惶惶，唯有这个同事稳如泰山。他说：“又不是没失过业，有什么大惊小怪的？”

还有一次，他们公司看上一块地，遇见一个难缠的暴发户，油盐不进，好赖不通，一言不合就开骂。据说去了不少高才生，都被赶回来了，最后是他把事情搞定了。其实他的方法很简单：拍马屁。

“拍马屁”这3个字说起来容易，做起来难。就说这些高才生，要么死要面子，总是一副我优秀、我有理的样子；要么假装放低姿态，但就连装穷都装得特别假。左手一枚蒂芙尼钻戒，右手一块劳力士手表，跟别人说“我们公司也不容易”，谁信呢？更可怕的是，这些高才生面对困境分分钟甩手不干，没有一点抗压能力。

可是这个小哥，混过无数圈子，被拒绝过很多次，死皮赖脸的本事一流，马屁拍得很到位。最后，暴发户爽快地把合同签了，还和他称兄道弟。

后来，很多人问起老板，是怎么把这个宝贝从土里刨出来的。老板说了一句话，所有人都懂了：“看人的时候，不能只看结果，还要看过程。”这就好比出海，比起坐豪华游轮，能开着一艘破船乘风破浪的才是真正的牛人。

这也是为什么面试官特别喜欢问一个让人很无语的问题：说说你曾经遭遇过哪些挫折。

如果没有，那可能真的很危险。“银汤匙”选手说的就是这种人，他们拥有得天独厚的硬件条件、极强的学习能力，可就是因为太顺利，所以缺少危机意识，又承受不了打击，往往高不成低不就。可“拳击手”大不相同，他们家境一般，无爹可拼，能站住脚，全凭自己的一双手。

“拳击手”这个词，我觉得用得特别好。练过拳的人都知道，没挨过揍，就不知道自己的哪块骨头最弱。

有一段时间，网上特别流行一个词：C位出道。于是，身边就出现了一群纠结的小朋友，每天自怨自艾，觉得自己出身不好，学校不好，专业不好，简历不好。总之一边嫌弃自己，一边自暴自弃。

可说实话，C位就一个，那么多人哪里站得下？想要C位没有错，错的是得不到C位，你就觉得自己活不下去了。

生活里真就有活不下去的。没考上名校，没进入外企，不巧被裁员，运气差被排挤，分分钟就跌入谷底。好像一步走错，以后就没路了。

按照现在流行的说法，就是逆商低。

对“逆商”这个词，很多人不会感到陌生，说的就是一个人触底反弹的能力。我一直觉得，它比智商和情商都高一个等级。因为你得既有情商又有智商，才能勉强称得上有逆商。

全世界都在教你怎么成功，却没人告诉你如何应对失败，所以那些自学成才的人就特别优秀。和C位出道的人相比，能成功弯道超车的人更厉害。

在海岛上贩卖1000场日落的人

公子伊

在那座海岛上，沐沐用自己的方式，连接了这座海岛和外面的世界。

一

你听说过贩卖日落吗？

在中国的嵛山岛，有一个收集和贩卖日落的“岛主”，叫沐沐。“岛主”是他的朋友们给他取的外号。他确实像一个岛主，没有人比他更熟悉这座小岛，他的整个世界就是这座岛屿，他的足迹遍布整座岛，他与日落和星辰为伴，上山下海，变废为宝。沐沐在岛上做的最有意思的一件事就是贩卖1000场日落。我曾两次来过这座岛屿，分别陪沐沐看了他的第290场日落和第387场日落。

5年前，当沐沐第一次来到这座岛时，被这里绝美而小众的风景打动，他决定留在这里收集完1000场日落后再离开。他收集日落的方法就是将手机架在三脚架上，然后录制一段日落的延时视频。他今天在海边录，明天爬到某个山头上录，后天在一艘渔船上录……总之，可以说他是在这座岛的不同的角落收集日落。

沐沐不仅收集美好的日落，他还想到了“贩卖日落”。怎么卖呢？

你可以花199元买一场日落，沐沐会

在这个视频旁边放上你的名字，这就是一场专属于你的日落。是不是很有创意？有的客人会买自己生日那天的日落；有的客人碰上自己喜欢的人，就想买某一天的日落送给他；有的客人心情低落，就想买一场日落温暖自己。《小王子》里说：“人在难过的时候，就会爱上日落。”对很多人来说，虽然没办法亲自去海边，但有一场海上日落可以陪伴自己也是一种幸福。或许岛上的渔民觉得日出日落是很平常的事，但对岛外的很多人来说，很少有机会能看到这样的海上日落。认识沐沐以后，我也开始珍惜生活中的每一场日落了。

二

小时候，沐沐是留守儿童，父母在省外工作，哥哥姐姐在外地上班和读书。沐沐7岁时就开始和奶奶一起生活，这种与奶奶相依为命的状态一直持续到他上大学。在大学里，性格孤僻的沐沐爱上了阅读，他以书为友，总是在图书馆里幻想着毕业后开一家书店，休假时到处旅行。

除了书籍，他的另一位忠实挚友就是大自然。沐沐在小的时候，总爱抬头仰望天空，并凝视很久。他看云，看日落，看星星，看四季变化，只有和大自然相处的时候，他的内心才能感到真正的平和。他会对自己说：“从童年起，我便独自一人，照顾着许多星辰。”比起喧嚣的世界，他更需要安静。人只有静下心来，才能提升感知能力。尽管他已经看过几百场日落，但每一场日落都会触动沐沐的内心，他说它们有不一样的美，都是大自然独一无二的作品。

“人生最好的状态是丰富的安静。”我总是在看到沐沐时想起这句话。除了收集日落，沐沐还喜欢在岛里上山下海“捡破烂”，遇到好看的小石头，他就在石头上穿一个小洞，当成吊坠拿去卖；在海边遇到漂亮的大石头，他就带回家里磨成杯子。他甚至专门制造了一个可以将石头磨成杯子的机器，制作每一个独一无二的石头杯子。有一次我去买他的杯子，挑到一个里面是爱心图案的。沐沐说，他捡到这块石头的时候并不知道里面有一个爱心。你看，石头也藏着自己的小心思。

有时候，一块看起来普通的石头有可能只是摆错了位置。只要换个位置，它就拥有了价值。

“无用之用，方为大用。”这是沐沐经常说的一句话。总有客人千里迢迢开车来挑选沐沐最新捡来的宝贝——植物或木头，这些物件都富有自然造物的美，和工厂里雕琢的工艺品不同。沐沐这儿除了那些天然的造型好看的宝贝，也有一些具有实用价值的东西，比如木板做成的茶盘，石头杯子，枯树枝做成的灯架等。

所以沐沐常常会上山挖一些好看的植物带回来自己养，弄成迷你的桌上盆栽，再放在微信朋友圈里卖。身处物产丰富的海岛，沐沐现在最稳定的业务是帮村民们卖鱼。每天傍晚，他在岸边帮渔民们一起整理今天的收获，把不同的鱼放在一个盒子里，五颜六色，充满创意，像一件艺术品。

我好奇沐沐是如何想到把这些生活中的平凡事物打造成具有商业价值的产品的。沐沐告诉我：“其实大家身边也有很多这样美的东西，只是还没有观察和感知到。我拿出的看似是一个被我精心改造过的自然之物，实际上给客人的，是一种发现自然之美的眼光。”产品本身不是最大的卖点，发现并展示出一件普通之物不寻常的美，才是最吸引买家的卖点。

沐沐一直想在海岛上建一座书店，你甚至可以用几本二手书来换他的一场日落。现在岛上的很多书都是沐沐用日落视频换来的。也有人提出想资助沐沐建岛上书店，被他拒绝了，因为比起直接得到结果，沐沐更喜欢在过程中获得的体验。

三

沐沐在嵛山岛的第一年，最主要的工作就是拾荒。在他物质生活并不富裕的时候，大自然给了他很多东西。发现捡到的木板和石头很美时，他常常感到内心富足。

人在一无所有的时候，只要意识到自然馈赠的部分已经足够丰富，就会从最开始的一无所有，慢慢找到生活中随手可及的事物，最后从中发现商业价值。卖日落、卖石头、卖植物、卖木头，都是大自然在一点点地帮助沐沐建成自己的理想岛屿。

我们的谈话进行到一半时，沐沐让我稍等一下，他看到有棵植物缺水了，需要浇水。他每天总是乐此不疲地为很多小生命操心。有一天黄昏，我跟着沐沐去海边捡宝贝，刚好捡到一颗圆圆的漂浮球，是那种经常在渔船上挂着的漂浮球，里面是木屑，外面是一层白色的漆。长久的风浪侵蚀，在这颗球的漆面上勾画出仿如海洋和陆地的形状，这颗球像极了一颗迷你版的地球。

我不知道这颗球漂浮了多久才来到这里，最后被我捡到。那天，我拿着这颗球，感动得热泪盈眶。

回到上海后，有一次我去见一位上市公司的企业家，刚好带着这颗漂浮球。有一个交换故事的环节，我就给那位企业家讲了这颗球和那位神奇岛主的故事。我还告诉他，这是一颗迷你版地球。听完后，那位企业家激动地从我手里拿过这颗球，转头问我：“怎么卖？”这颗意外从海边捡来的漂浮球，最后被我卖了5000元。从那以后，我开始重视自己身边的每一件事物。这就是一个好故事赋予这颗球的商业价值。但沐沐给我的商业灵感远不止这些。

沐沐还在岛上的民宿里开了一间咖啡馆，其中有一个特别有意思的创意饮品，叫“文辉的故事”。

文辉是一位曾经用202块钱独自背包穷游中国600天的“90后”，文辉来到沐沐所在的海岛后，他们便成了知己，常常畅谈到深夜。文辉离开后，沐沐专门设计了一款咖啡，取名“文辉的故事”。买这杯咖啡的人可以听沐沐讲一个“文辉的故事”。

在那座海岛上，沐沐用自己的方式，连接了这座海岛和外面的世界。这座岛既是他心灵的港湾，也是他深深爱着的被日落、大海、星空围绕的家。犹记得离开岛屿的那一天，我们正坐在铺满夕阳的嵛山岛码头上，看着第387场日落。沐沐对我说：“其实这些东西一直都在我们身边，大多数人只是没有决心和勇气。这个时代不缺产品，缺乏的是思维、勇气、信念。只要有人喜欢这个产品，认可你做的事情，他们就会相信你。”

我点了点头，抬眼继续看着海上的日落，阳光温暖地笼罩着我，忽然发觉自己仿佛更加热爱这个世界了。

三十岁，你就完了吗

林特特

只要坚持，终究会有些不同。功名，或许从来都只眷顾愿意付出的人。

十几年前，在家乡，他是一名汽车修理工。

一天之中，最惬意的事，莫过于收了工躺在床上，拧开半导体收音机的开关，在一把把好声音中，展开无限的想象。

他也有一把好声音。

如果不是初中毕业就开始工作，他大概会一路读上去，最后考上大学，学播音，最终坐在主播台前，对着话筒，面向听众，或隔着透明玻璃窗，面向导播——

这些，也是他每天晚上乘着想象的翅膀，想要抵达的地方。

一天清晨，他在一片空地上练声。

说是练声，其实没有专人指导，也没有专业的理论知识。

他只是凭着自己认为正确的方式，找张报纸或找本杂志，挑些喜欢的文章去读。他也确实读得很好，以至于这一天，空地边的电台有人上早班，路过时，停下来，听他读，最后问："小伙子，你要不要来我们电台试一试？"

"只是没有钱。"对方感到抱歉。

而他已忙不迭地答应。

为此，他必须起得更早。

早点儿去修车，下午三点前就要结束一天的工作。

也睡得更晚。

做了一段时间兼职，小城电台便给他一个时段，还是没有钱，但他开始有了自己的听众。

一次，他在这档夜间节目中提到，白天的他，满手油污，与汽车零件为伍，还透露了他修车的地儿。

第二天，竟真的有人来找他，而他，真的正满手油污。

很长一段时间，他做两份工作，分裂成两个人，他处理得很好。

除了一次，他听说，邻市有一个短期的播音培训班，为时一周。请不下假，他便豁出去，当月的奖金不要了，旷工去参加，待走进教室，他发现，他是求学者中，年龄最大的。

"年龄最大的。"时隔多年，他仍笑着摇头，以示那时的尴尬。

那时，他二十六岁。在小城，大部分人已结婚、生子，而他还裹着一块热石头般，深藏着一个"不切实际"的主播梦。

忽然，他发了一笔"财"。

企业倒闭，十六岁就上班的他，算算已有十年工龄，被买断，拿到三万六千元的补偿。他的工友们，一些人拿着钱买房，一些人做生意，他则买了张车票，目标明确、目的地明确：学播音、去北京。

他仍是年龄最大的。无论在广院的进修班，还是之后，他考进一所女子大学。是的，女子大学，只有这所大学肯招他，他在这里读播音系的成人大专。

"你知道当时我是怎么准备成人高考的吗？"他问，轮到我摇头。

"很多年没上学了，别说考试，阅读都有障碍，于是，我每天四点多起床，在路灯下读英语。那是北京冬天的早晨，路灯外，一片漆黑。

"我再用一整天的时间做数学题，抽空练声。

"室友们都劝我：'考上又如何？''况且，考的是成人大专，毕业，你已经三十岁了，又能如何？'

"可我顾不了那么多，我就想坐在主播台前。我有一把好嗓子，但不能只有它，我想好好学播音，哪怕三十岁才开始，三十岁未必不能开始。"

他坐在透明玻璃窗前，和我说这些时，导播在一旁调试设备，九点节目开始，此刻八点半，我们还没进演播室。

这是中央人民广播电台的演播室。

他坚守在此地，已经十三个年头了，眼下主持一档读书类节目——《品味书香》，今天，我是他的嘉宾。

大家都喊他"小马哥"，他的微博、微信名均是"小马 DJ"。

他告诉我，从进台起，他就被称为"哥"。因为同一批人中，那一年参加招聘的一千五百人中，最后留下来的八个人中，"我年龄最大"，"当时已经三十岁了"。

我好奇："你年龄最大，学历最低，主考官看中了你什么？"

"我的声音、经历，我求学期间不断兼职、四处配音的经历。"他顿一顿，"它们，代表我适合这份工作，热爱这份工作。事实上，那八个人中，现在还坚持做主播的，只有我一个。"

他不解释，我也明白了，他的名字总绑定"DJ"，因为这身份来之不易，他最珍惜。

他坐在主播台，清嗓子。提醒我把手机收起来，提示我离话筒近点儿："你的声音有点小。"

他的面孔很严肃。但当片头音乐响起时，他的表情瞬间变得生动，嘴角含笑，仿佛理想的听众就在他面前。

"今天，我们来分享林特特的新书《仅记住所有快乐》。我们的话题也是这本书的主题：走过的岁月中，你坚持了什么？放弃了什么？为什么？"

我有一种错觉，他在问自己。

我们说了一些话。他读了一些听众留言。节目尾声，他总结："只要坚持，终究会有些不同。功名，或许从来都只眷顾愿意付出的人。"

他是在对曾经的自己说吗？

当然，他也是对那些和自己一样，普普通通，却默默坚持，循着陌生的芬芳，捂着胸口一块热石头，出演各自波澜壮阔、人生大戏的人说。

轰轰烈烈一场，好过平平庸庸一生

✻王宇昆

你的梦想从一开始，不是战胜自己，而是战胜别人。

我总能在电视上的歌手选秀节目上看到L，每次他都是弹着吉他唱着同一首歌，每次情到深处都会听到评委的按铃声。

结果基本上都是在第一轮被淘汰，原因很简单，L唱歌跑调。

L是个北漂，在北京住着一间一年四季看不到阳光的出租屋。支撑音乐梦想的每一项都需要支出大量的金钱。所以L的另一个身份是烤冷面师傅。

去年我去北京开会间隙，去找过L，那天有点晚了，他已经在收摊了，我哆嗦着蹦到他面前，跟他打招呼，他吓得一哆嗦。

这是自从L毕业后，我第一次见到他本人。他比上学那会儿要成熟了许多，还是像大学时候那样留着中长发，皮肤更白了，L穿着厚厚的棉衣给我做了一份烤冷面，我就跟他一边推着车一边聊天，吃了一路。

我打趣他说："你冷面烤得可比你歌唱得好啊。"L直摇头，接着就给我在马路上现场来了一首。真的很难听，但我没再说出口。

L一直想当一个歌手，实现他的音乐梦想。

这颗追梦赤子心在他上大学的时候就时时刻刻表露在他的生活之中。L比我高两届，之前在同一个社团所以结识。

在他现在手边拿着的这把破吉他之前，还有一把尤克里里，他喜欢80年代的乡村民谣，从大一就开始参加学校的校园歌手大赛，一参加就是4年。最好的成绩是进了决赛。决赛在学校最大的礼堂举行，隆重又华丽，他却来了个大走音，什么名次也没拿上。L是学机电工程的，他经常跟我抱怨他专业学习生活的枯燥无聊，说只有唱歌才能救赎他。

我之前跟他说过他唱歌很难听这件事，为此我们还大吵过一架，好在后来和好了，不然我可能还不知道下面的故事。

我曾经问L到底为什么那么喜欢唱歌，他说他出生在农村，自己是村子里唯一一个考出来的人，他的同龄人不是在家务农，就是到村子附近的小镇子打工，上高中的他就喜欢唱歌，没事就去田垄里唱两嗓子，村子里的人都说他是神经病。

他大胆地跟父母提出来要艺考，考进音乐学院去学唱歌，但父母却一万个不准。

L讲到这里的时候，空气里满是苦涩，那一刻，我突然有些同情他。再后来，我很少提及这些事情，也从不说他唱歌难听。

他时不时就会自弹自唱他新创作的歌给我听，给我讲每首歌里的故事。在他面前，我善于做一个聆听者。毕业那段时间，他拿着学校的那点补助金已经做好了只身一人去北京追求梦想的准备。

在北京的那几天，我目睹了他最真实的生活，潮湿的房间，艰难的日子。他说这张床是他这辈子睡过最糟糕的，比他老家的土炕还硬。

他又给我弹唱他新创作的曲子，一边说着之前参加选秀时听到的明星八卦，一边准备着晚上出摊时需要的烤冷面材料。

他在烤冷面上的造诣远远超过他唱歌的才华，他的生意是这条小吃街上最好的。算下来，一个月也能赚不少钱，我跟他说换个稍微好一点的房子住，他说不行，这些钱要攒下来换把新吉他。

我终于按捺不住自己的情绪，朝他歇斯底里地吼叫。我说："你别再自欺欺人了，就不能放弃这个不切实际的梦想吗？北京城那么多唱得好的，你的梦想最后只会死在他们的身后。"

剩下的那几天我们都没有再联系，直到我离开北京的那天。L在我临走前请我吃了一顿肯德基。

那天他正好买了新吉他，在肯德基里他准备再弹一首，被我硬生生地拒绝了。他说他其实早就想过要放弃了，只不过还没有做好放手的准备，因为他不甘心。坐在我对面的他啃了一大口汉堡，冒出一颗泪来。

"我不想回到那个破旧的村庄，我不想像他们一样平庸地生老病死。我只不过想要向他们证明，我的梦想没有他们说的那么一文不值，其实我知道自己唱得很难听，我每个月在北京城从东跑到西，唱无数首歌见无数个评委，无非只是想给那些漠视我的人一个耳光。我也有坚持不下去想要放弃的时候，但我必须为我的梦想吃点苦。"

"不是所有梦想都值得你耗尽大好青春去坚持的，这样的努力对于你来说，就算付出比别人多一万倍或许也不会成功。因为你的梦想从一开始，不是战胜自己，而是战胜别人。"

我朝着L说道，像是在费力叫醒一个春天到了，却还在冬眠的人。

L为我弹了一曲，用他的新吉他，歌是大学里他最喜欢的那首。他说这把新吉他或许就是梦想的终点了，然后唱了起来。

这次，或许是看到了那个内心深处最脆弱的L，我竟觉得他的歌声如此真挚迷人。

有些梦想就是用来放弃的，这种放弃不是人生的不圆满，而是对自己的一次成全。

离开北京后的一个月，我在那个最新的选秀节目上看到了L，他在舞台上说这可能是他人生中最后一次上台唱歌了。我看着电视屏幕中的他，眼神柔软却又那么坚定。

我想起了那个每天抱着吉他练歌的他，想起了北京冬日收拾着烤冷面摊哼着歌的他，想起了所有关于他追逐梦想的时光。

我最终还是转了台，因为我怕看到最后被淘汰时的L，眼泪会流下来。

用一段沉潜岁月，熔铸荣光与勋章

✻程则尔

高中生活看似艰苦枯燥，但大多数成年人都会怀念甚至渴望重演那段岁月。

后来的后来，无数次在填写身份信息时，或者在自我介绍的场合，总会被一遍遍反复提醒，自己曾因为辍学一年，而比同龄人延迟毕业的尴尬事实。

高二那年，在那所隐蔽在县城边缘的全封闭学校里，在那间只有慌乱迷茫没有光荣梦想的杂乱寝室中，我应该是最迷茫的那一个。少年的心还无法彻底读懂应试教育，宿舍每晚的卧谈会话题都关乎逃离，叛逆一次次被点燃，给了我坚定不移辍学拼闯的勇气，并将之付诸实践。

为期一年的漂泊时光中，我刷过盘子，兜售过瓷器，住过 10 块钱一晚的集体宿舍，17 岁的懵懂身躯承接着生活之重。但是，即便又在下一个秋天背上书包重返校园，也并不是因为自己忽然开窍，不过是因为一时落败，向现实妥协而已。

去教务处领办完返校手续的我时，面对我的沧桑面孔，新班主任竟一时词穷，最终别扭地安慰我好好利用一学期时间调节好自己。的确，我辍学许久，学习断层，基础薄弱，性格浮躁。面对上述标签拼凑成的那个后进生，他能否顺利适应新班级和学校环境，在任何人看来都不可预知，因他仅仅调节好自己已是遥不可及的目标。青春心飞梦迷，几近兵荒马乱，与好好考一所大学无任何关联。

重返校园两个月后，我们迎来第一次模拟测验。成绩出炉，我的数学只有19分，是一个对堕落差生来讲非常符合常理的分数，根本就不能给麻木的沉睡之心任何刺激警醒。捏着成绩单，趴在书桌上遥望窗外蓝天，我固执地规划，就这样不痛不痒地毕业吧，念一所花钱就能上的大学，车到山前必有路，不用展翅高飞，只需岁月静好。

除料理好一日三餐外，母亲无心也无力再过问我的其他。儿子的青春动荡已让她臻至大象无形的禅境，那颗失望已久的心只愿岁月静好。

只是，越想平淡，倒霉的日子就越是排山倒海地来。

首先，我租住的房屋整栋楼的宽带都出了问题，这处没有物管的真空地带，从此以后再也联不进任何网络。不能打网游，不能看电影，不能逛淘宝，这对我这只网虫是致命的打击，如同切断了我的筋脉抽干了我的血，生活的色彩顿时黯淡大半。

不久，许是水土不服，我的脸开始浮肿，长满了痘痘，医生也无法立刻药到病除，只能让我慢慢调养。看着镜子中丑陋的自己，我恨不得把他连同镜子一起摔碎，碎得粘都粘不起来。不敢外出，不敢社交，这下，连逛街的乐趣也惨痛失去。

我还没回过神来，挫折之神又放大招——当我鼓起勇气向暗恋多时的女孩表白时，直接得到了对方干脆利落甚至略带嘲讽的拒绝——是啊，任何一个正常的女生，都不会看得起一个得过且过的男生。

一无所有，就是我那年的真实写照，生活由白昼切换成阴云密布的暗夜。周围同学纵然蓬头垢面，但他们眼中有光，纷纷在向着梦想朝圣的路上跋涉。唯有我坐在教室角落茫然地盯着窗外，时间缓慢而凝滞。

重创之下，不知从何时起我有了一个奇怪的习惯，没事时总会去全年级唯一的文科尖子班看看。倒也没什么特别要做的事情，不过是鬼鬼祟祟站在走廊上，透过玻璃看看那些优秀的幸运儿。他们的脸上有自信的光，将我的窘迫衬托得藏无可藏。

此生，我都不会忘记将我命运翻转的那个下午。

一位毕业三年、考取北大的学长，通过参加学校组织的社团活动，来到班上跟大家进行交流。整个教室沸腾了，大家将优秀学长围在中间，一边讨教学习技巧，一边询问生活在北大是什么样，一阵阵惊呼从人群中传出，挠得人耳朵痒痒的。

“很多人表面上说着念不念大学无所谓，一副看破红尘的佛系态度，其实是根本就考不上大学的自欺欺人。”他的声音掷地有声，并在结束分享前向大家分享了一篇文章——《你凭什么上北大》，大意是讲一个堕落的女孩突然醒悟，最后成功考取北大的故事。

我得承认，那是我第一次被励志故事打动。或许人在最狼狈时，也是情绪最不设防的时候，些许温暖，就能很轻易地渗透进来。当最后一句声情并茂的朗读铿锵收尾，我才发现装作满不在乎玩着手机的自己，其实心中早已充满向往。

酸涩是剥开蛋壳的双手，能让人在毫无伪装中洞穿真实的内核。迟来的感动愧悔中，我终于发现了真实的自己：那个叫嚣着学习无用论故作洒脱的男孩，其实是在掩盖自己的恐惧；他其实无数次梦见过坐在窗明几净的大学教室里，把青春飞扬的生活过得风生水起；他也想要强大，想强大至亭亭如盖，能行走四方天地。

凭什么差生就该坐以待毙，就永远不是学习的料?

这道闪电，顷刻之间于脑海中划过，将我打得挺直了腰。这个想法的确大胆，但正因为赤手空拳，才敢用热血去赌一次未来。这场青春战役不需付出任何筹码，它本来就已一无所有。

那一天，我做了这辈子最重要的决定：改变当下的状态，按照正常的轨迹考取一所大学。放学后，我像疯子一样跑遍七八家书店，终于在某座书架的最底层找到那本杂志，翻出学长朗诵给我们的文章。而这篇文章被我夹在书中，一直保留到了高中毕业。

一场艰难的破茧过程来了。数学题读不懂，先从高一的教材慢慢看起；英语语法不知所云，就疯狂背单词;文综欠账太多，来不及去细看十几本教材，就采用题海战术，从错题回归到书本。

和预料的一样，我的意志力相当薄弱，做题超过 20 分钟便感觉再也提不动笔，无数次晕乎乎地从书海里爬出来挣扎换气时，都想上岸离开一走了之。每及此，我总会大胆想象长大后的自己过着怎样的生活，春暖花开的未来是怎样的形态。课余时间，我阅读每期必买的两本高考类杂志，欣赏天南海北的高校，细读那些奇妙的专业。充满诱惑的美景总会让我战力满值，奋不顾身潜回书中。

高三，发生了一件我始料未及的事情。

因着学习态度的转变，为了以资鼓励，班主任让我担任学习委员。一次，我通知错了模拟考时间，导致全班都错过了那场数学考试。其实只是一次普通的月考，但震怒的班主任还是惩罚了全班。惩罚沿用以往的罚款手段，收上来的钱统共有一千多元。稚嫩的年纪爱憎分明，学会宽容是很多人尚未通过的必修课，仿佛找到一个集体靶心，就能彰显自己的正确。这件事让我的人缘一落千丈，得罪了班上不少同学，此后无人愿意再跟我做交心的朋友。我的世界变得荒无人烟。

如果我的成长是黄昏，那么它在这个深秋已沉入无尽黑夜。你有过被孤立的感受吗?像一枚被枝头抛弃的秋叶，黯然掉入河沟；像一朵开在墙脚的花朵，歆羡地看着满山芬芳。在校的每一秒于我而言都是煎熬，都被拉扯得无比漫长。

没关系，正好能让我心无旁骛地学习。我孤零零地坐在座位上，用苦难给自己打了一针鸡血。此刻，书本已经无孔不入地钻入了我的二十四小时，它们让我觉得安全，替我屏蔽掉一切人事纷扰。离开它，我注定飘无所依、满身伤痕。苦难，也往往是催人奋进的力量；孤单的世界，恰恰让人在大悲之后平静得无一丝波澜。

第二次数学测验，我得了112分。我捏着试卷，一直捏到指关节发白。

如果人一辈子至少要为自己的前途疯狂一次，那么从现在开始，我的癫狂之期已光荣来临。我把座位搬到教室角落独立成桌，桌前靠着的几把扫帚替我排除了一切妨碍喧嚣；同学的冷言冷语在我心中已掀不起丝毫波澜；我再也不会占用清晨大把的时间去梳理头发、搭配着装，宁愿让自己丑得更彻底，也要腾出点能做两道题的时间；我卸载了手机上的一切娱乐软件，把自己变成原始人，手机桌面一片澄澈空明。我不去想我要考哪所大学，我要成为什么样的人，我只知我该这样不知疲倦地奔跑下去。

万物皆可体会，唯有于学习中寻求救赎的悲壮，是很多拥有着多彩青春的年轻人无法体会的。但高三那一年，它真真正正攫紧了我的灵魂。我的成绩开始稳中有升，再回想当初那个糟糕的男孩，恍若隔世。

高考后，我被一所颇有实力的二本院校录取，把父母惊得目瞪口呆。从那所小小的学校和那间小小的教室离开后，我再未回去过。领取了录取通知书走在回家的路上，我把如勋章一般的信封紧紧贴在胸口，于人山人海中湿了眼眶。当时的心绪，我无法形容。

每当忆这段云烟往事时，总会惊出一身冷汗。能得以从万丈深渊里爬出来并迈向春暖花开，自己的努力固然重要，但若在此期间一直残忍的岁月哪怕对我有过片刻心软，我的努力也许就会动摇。住处的网络如果一直畅通，那我是否会在其中醉生梦死？如果我是脸上一颗痘痘都没有的帅哥，那我是否会在一片花痴的赞美中飘飞于桃红柳绿间？如果那个女孩接受了我的爱意，那我是否会在宝贵的高中阶段陷进漫长空虚的儿女情长？如果我是个富二代……不，我不敢想象如果是这样，我的人生会是怎样的。

后来的后来，当我走到了25岁的年纪，走到了被名利冲刷洗涤的年纪，走到了不敢再大声喊出“梦想”甚至感觉这个词已有些矫情的年纪，初心逐渐具备不同形态。现实和幻想总会存在细微差别，并不是努力过了，就一定会在北上广站稳一席之地，一定会坐在落地窗前喝咖啡，一定会随时都能看一场东京的花巴黎的雪，生活的本质还是一地鸡毛，但是不努力，一切机会都不会到来。也偏偏是这如今看来有些幼稚的幻想，当初真真实实惊艳出一段明媚的岁月，因而值得我铭记感激。

人是典型的好了伤疤忘了疼的动物，一无所有，反而能更无所畏惧地去冲锋陷阵，就像陈忠实在最穷困潦倒时写出了《白鹿原》，贾樟柯在最濒临绝望时拍出了《黄土地》。

温暖孵化不出坚韧，柔软塑造不出挺拔。岁月不断抢走你的东西，终会全部打包送还。当你没办法安稳地在风和日丽中闲庭信步时，当你犹豫不决时，不要抱怨上天给了你冰冷的黄昏，不如以背水一战的勇气沉入无尽黑夜，屏蔽一切纷扰，逃命似的奔向黎明。

人生路上，步履不停

叶佳琪

衡量一个人成功的标志，不是看他攀登到的顶峰的高度，而是看他跌入谷底后的反弹力。

电视剧《请回答1988》里有个片段令我印象深刻。

被视为天才棋手的阿泽在一场比赛中输给了新人选手，所有大人都宽慰失落的阿泽时，小伙伴们却故意刺激他："你怎么可以输呢？"

这使得原本就憋了很久的阿泽，终于说出了那句心里话——为什么我就不能有输的时候？

话音刚落，小伙伴们相视一笑。因为比赛郁郁寡欢的阿泽，这才明白他们的良苦用心——是啊，为什么我就不能有输的时候？人生总会有输赢，但没有谁会一直赢下去，哪怕是天才也不能。

看到这一幕的我，醍醐灌顶。

我刚刚经历一场重要的考试，为了这场考试我足足准备了大半年，甚至牺牲掉了所有假期，可最终因一分之差而失败。查到成绩的那一刻，我并没有自己预料中那样大喜或是大悲，而是淡定地退出查分页面。确定自己只差一分后，我又忍不住输入密码，再次进入查分页面，似乎是期待着会发生什么变化。如此反复好几回后，我才终于死心，接受眼前的事实。

扑面而来的情绪与其说是悲伤，倒不如说是不甘心，内心盘旋着无数个问题：为什么是我？为什么就差一分？为什么 ××× 复习的时候没有我努力却能考过？……长时间备考的艰辛只有自己知道，很多枯燥而无聊的复习时光都在“只要努力了就一定会成功”的信念下渐渐充满动力，谁也没想到，最终等来的却是一分之差的不尽如人意。

这种情绪渐渐转化为恐惧，我开始害怕，当别人问及结果时，我该如何开口呢？面对自己的失败，我隐约觉得可耻——毕竟在大家眼中，我是一个那样努力勤奋的人。我无法想象在面对他人的关心和问候时，要如何从容不迫地坦承自己的失败。于是接下来的几天，我像一个只想缩在壳里的蜗牛，拒绝与他人交流，拒绝打开任何社交软件，拒绝听到任何有关这场考试的消息。

不过，好在我是一个生性乐观的人，被这种负面情绪笼罩了没多久，就开始自我反思。似乎有相当长的一段时间，我对自己抱有无限的自信与期待，也许是大学生活的顺风顺水——重要的考试花上一段时间准备就能获得一个理想的分数，想要的奖项努力申请总能得到，甚至连竞争保研名额，我也顺利地成为其中的幸运儿。一次又一次的幸运令我变得飘飘然，我开始理所当然地认为，没有自己做不到的事情。可是，仔细回想一下，我真的有百分之百地投入这场考试吗？答案是否定的。我有很多个想要退却的时刻，也有很多个心怀侥幸的瞬间，除此以外，我常常被自己的紧张情绪左右。也许真正打败我的，是我的侥幸、紧张与恐惧。

有人说，衡量一个人成功的标志，不是看他攀登到的顶峰的高度，而是看他跌入谷底后的反弹力。我觉得这次失败让我想通的是——我应该承认自己并没有想象中那么厉害，就连天才棋手阿泽也不能保证百战百胜，更何况我这样的平凡人呢？我有优点，也有缺点，有时候运气很好，有时候很差，也会有失败的时候，但这并不妨碍我继续秉承“越努力，越幸运”的信念。因为我清楚地知道，努力了不一定会成功，但是要成功就必须付出努力。既然如此，为何不去尝试？

最初的失意、落魄与不甘，随着时间的流逝渐渐消散。从前，我很羡慕那些站在山顶的人，觉得他们脚踏祥云，英姿飒爽。长大后，自己经历了挫折，才知道所有春风得意的背后都有着不为人知的艰辛与无奈。一时登顶有可能靠的是本事，也有可能靠的是运气，但现在真正令我佩服的是那些跌到谷底却仍能东山再起，从谷底奋力反弹奔向山顶的勇士。

人生无常，我们总会经历一些不如意，而在成功学如此畅销的今天，人人都致力于传授成功的秘诀，却鲜少有人告诉我们如何面对失败，如何面对努力过后的不尽如人意，如何面对自己的意难平。

生活从来都不会因为某一个日子的到来和逝去变得更好或更坏。人生路上，我们真正需要学会的是，即使被命运的双手推入谷底，也要擦干泪水，拍拍身上的尘土，然后继续向着高处前行。

因此，比起山顶的风光，也许从头再来的勇气才是命运给予我们的更加珍贵的礼物。

愿你走过的所有弯路，

最后都成为美丽彩虹

定力，决定了你能走多远

董宇辉

现在有一个流行词叫作钝感力，意思是你随便折磨我，我就是不放弃，皮实且乐观。

一个人的定力，决定他最终能走多远

很多同学可能会经历过这样的情况：经过一年多的练习，后来终于得到了一次机会，也获得了认可。

接下来，如果你依然默默无闻，但你还一直持续专注，请你要不断地暗示自己，你做的是对的事情，这是一个人的定力。

一个人的定力最终能决定他走多远，这跟聪明与否没有太大关系。因为特别聪明的人，总是计算投入和产出比，一旦发现效率很低，立马就撤了。

一个人，一家公司，或一个组织，但凡遇到困难的时候，跑得最早的都是聪明人。像我这种不聪明的人，还没反应过来，人都跑完了。所以往往坚持到最后的，并不是聪明人。

聪明很多时候是智慧的天敌。记住这句话，定力很重要，不要想太多。

我当时苦练很长时间的英语之后，有一次上口语课，老师让我回答问题。

我回答完，老师说，没想到你的口语还挺好的。

我突然感到自己的付出被看见了，虽然它小到不值一提。

请你记住，很多小的变化就是从那一刻开始的。就是在人生的曲线里，你也不知道是哪个点起了转折作用。但是当你重重摁下那个点的时候，日后的经历会告诉你，你当时的判断是对的。

下课之后老师说："我有个同学从国外来西安旅游，但我没有时间，你能帮我当个导游，给他介绍一下西安的美景吗？"我说："当然可以。"

那天，我带着这个外国游客去西安的景点打卡，像什么大雁塔、兵马俑、华清池，都去了。当时我很兴奋，我把他带到了大雁塔下，看唐僧铜像。

唐僧当年不是被皇帝派出去的，他是带着巨大的使命感和热情偷偷跑出去的，很有可能回不来。他在回来的那一刻，我想象他遥望长安城时，内心的激动和兴奋。

我想象他晚年坐在大慈恩寺里，银杏叶落下，晨钟暮鼓，他在那里给徒子徒孙们讲经的时候，内心是怎样的一种豪迈。

我记得那天晚上，我看着唐僧铜像的时候，不由得跟那个外国游客讲："你想理解这样一种使命感吗？"我说出这些话的时候，非常激动，甚至手舞足蹈、语无伦次。然后我回头发现那个外国游客，他的脸上也满是泪水，我们都很激动。

那是一个农村出身，一直很自卑，尝试在大学里寻找自我，探清人生未来方向的年轻人，第一次用自己的表现获得了外部的认可。那是一个转折点，因为从那次之后，一发不可收。

那个外国游客专门给我们学校的老师发了一条短信，表扬我具有诗一般的语言天赋和非常饱满的激情。然后，老师以后所有的朋友来西安都联系我做导游。那一年我去了 17 次兵马俑。

2018 年夏天，在西安的一个校区里，高三学生正在上课。上到一半，整个大楼停电了。因为外面暴雨，雷电击中了大楼的变压器。旁边六年级、三年级的同学，立刻欢呼，拿起书包就跑了。

高三的学生也欢呼了几秒，欢呼完之后我问他们："你们是想回去，还是再学一会儿？"他们说："再学一会儿。"我说："你们都有手机，对吧？"他们说："没有……"我说："不要装了，拿出来吧。"最后大家都拿出口袋里的手机，打开了手电筒。

就这样，我们在教室里一起学习。一开始还很凉快，后来越来越热，但就是在这样的状态下，我又讲了一个小时。

当时外面电闪雷鸣，倾盆大雨，城市仿佛要被淹没。但是在那个楼里，平静的教室里，我拿着手机打开手电筒，所有同学拿着手机打开手电筒。

那一个小时，是我印象中为数不多的全情投入，激情慷慨的一段时间，以至于后来内心久久不能平静。也是学生们全神贯注，积极互动，下笔如有神的一段时间。

那天放学之后，我看到好多学生都在他们的社交媒体上更新，说"这可能是我人生中永远都忘不了的一个小时"。

我给大家讲这些，就是想说在职业生涯中，你要去做你认为对的事情，你要寻找到你的使命感和成就感。

长期驱使你并且让你能持续投入、持续精进的，只有热爱。

谁无暴风劲雨时，守得云开见月明

后来我们转型期间，我有一段低谷期。可以说，这是我毕业这么多年以后，人生最低谷的一段时间了。

为什么?

因为我一直认为我是优秀的，而且胜任这份工作，但是突然有一天我发现我在镜头前竭尽所能，把我所有知道的都讲完了之后，镜头前还是只有那一点人，他们根本不在乎我说什么。

屏幕上刷得最多的一条评论就是：长得这么丑，为什么要出来恶心人?真的有人会这样说。

我租住在人大西门一个非常小的院子里，一楼很狭窄，那个房间大概有12块地砖那么大。

开门的时候，门会擦到床边。房间里就一张床、一个简易的桌子，那个桌子在用到第五天的时候还塌了，连带着我的晚饭。

那是我当时的生存环境。

一楼蚊子特别多，窗户外面就是一个垃圾堆。因为当时没钱了，自己糟糕的理财习惯，导致我但凡遇到一点点收入下降的时候，就立刻活不下去了。

吃得最多的是旁边的葱油饼，1.5元一个，我一天可以买好几个。那段时间我不敢给家人说，也不敢给朋友说。

我印象特别深刻，那一段时间我们去直播，我尝试过竭尽所能地把我知道的一切都讲给观众，但是他们真的不在乎，他们就说你告诉我这多少钱，最便宜的价格是多少。

我当时是自我否定的。就是当我发现我擅长的东西，不被人们喜欢和接受的时候，我有一种由衷的挫败感。

我不是没有别的去处，但是当时没有去。我不知道为啥，我现在回想当时为啥犹豫，可能是觉得大家都很难，如果这时候跑了，以后回忆起青春，自己会不会看不起自己呢?

因为你总是在给学生讲这个，在逆境中寻找希望，对吧?

你给别人讲可以，但是到了你自己身上的时候，你又无法言行一致，那你只是语言上的巨人，你都不能做到，凭什么要求别人做到?我这样问过自己，所以当时硬着头皮坚持。

你可能会一个人走一段夜路，但是后来别人问你的时候，你就说那天有漫天星光和一路歌唱。你不是刻意地美化人生，你只是提醒自己不要沉沦在逆境里。

常言道“谁无暴风劲雨时，守得云开见月明”。我当时走到圆明园门口时，抬头望见了一轮巨大的明月。

今人不见古时月，今月曾经照古人。

李白曾写过，“小时不识月，呼作白玉盘”。后来在西安兴庆宫里，李白觉得自己一身武艺、百步穿杨，觉得自己可以为朝廷奉献力量的时候，结果唐玄宗把他叫进皇宫里，让他每天跟李龟年一起写歌词。

但他的期望不是当一个写歌词的，他特别难过,每天把自己灌醉,所以他写了“花间一壶酒，独酌无相亲。举杯邀明月，对影成三人”。

我当时只能依靠着这些东西来调节自己的心情，但是我也按照自己的方法，笨拙地坚持着，虽然不被看好。我那时候只要一讲我所知道的这些，就会被导演打断。

导演说：“董宇辉你别讲，你再讲这样的，平台就给我们扣分了。只要你长时间讲的东西，跟商品没有关系，就扣分。”

我当时几乎是每天写检讨，痛苦又笨

拙地坚持着。

在顺境中多做事，在逆境中多读书

2022 年 6 月，可能因为长期处于焦躁的状态，我的睡眠越来越差，经常彻夜难眠。我当时把能借的钱都借完了，那个月如果我再没有新的收入，可能就受不了了。

不知道是不是老天爷，突然想跟一个年轻人开一个玩笑。

2022 年 6 月 8 日早上，我又拿着小黑板坐在镜头前，胡说八道的时候，我突然发现，讲着讲着，直播间的人数从 300 到了 500。

这很令人意外，我没想到竟然有人喜欢这些。

我当时正在讲莎士比亚，我看他们喜欢，我就继续讲，然后从文学讲到哲学，讲苏格拉底，讲柏拉图，讲亚里士多德。

我发现大家并不反感，直播间的人数又从 500 到了 1000。当时我就继续讲，讲了很多我所熟悉的文学作品，或者我以前看过的历史。

我越讲越兴奋。那天早上从平常的几百人，到最后下播的时候，得有快 1 万人。我有一种空前的兴奋，那天下播之后，我坐在那里，心情久久无法平复。

等到第二天我再上播的时候，发现人数更多了，一上来就是 3000 人，等我下播的时候，已经到了 3 万人。

3 万人是什么概念？就跟做梦一样。然后我就开始被很多人关注到了，越来越多的人涌入直播间，大家发现在这儿可以听一点知识。

这是我的幸运，事实多次证明，运气永远会垂青那些时刻准备好的人。知识就是你的武器，书籍永远都是你的朋友。

我在想，另外一个平行时空里的我，如果当年在西安工作的时候那么忙，晚上回家很累了，就不看书了。或者当年在大学的时候，极度自卑，每天躲在宿舍里，戴着耳机打游戏，也不去看书，可能我就不会有这些表现。

当年在大学闲着没事干，我看了很多书。一开始看正史，后来看小说，实在没的看的时候，我还看过张爱玲的小说，因为大部分男生可能对张爱玲不感兴趣。

大学看很多书，工作看很多书，所以我生命的改变，只是命运垂青了一个傻子。

真的就是后知后觉，而且反应慢，所以常常在很多变化面前显得很迟钝，但也因祸得福，因为你往往更专注一些。

有一句话叫在顺境中多做事，在逆境中多读书。

如果说要给你们几个建议的话，我希望把它们缩略成关键词。

第一个是专注。心无旁骛，万事可破，请你相信这一点。

第二个是勤奋。付出不亚于任何人的努力，终将会有回报。

第三个是耐挫，或者用一个北方的方言，叫皮实一些。

你会发现后来的很多人，一直在讲的那些成功的人，共有的品质就是不会被困难打倒。现在有一个流行词叫作钝感力，意思是，你随便折磨我，我就是不放弃，皮实且乐观。

刚出发那会儿，你意识不到。但是有一天蓦然回首，你会发现一路走来，正确的初衷是你的加持，是你的护身符，有一天它们会成为你的铠甲和灯塔。

尽最大的努力，做最坏的打算

✻陈谌

如果你已经做好了最坏的打算，能接受最差的结果，那么你就尽最大努力去做。

如果要问这么多年来对我的人生帮助最大的一句话是什么，大概就是“尽最大的努力，做最坏的打算”。

“尽最大的努力”是很好理解的，很多人从小到大都一直被灌输要努力要奋斗，要尽全力不让自己后悔之类的话。但这句话无法回答例如“万一方向是错的怎么办”这类问题，因此“尽最大的努力”并不是这句话的重点。

“做最坏的打算”，这后半句话差不多是我快三十岁的时候才恍然领悟到的，这种领悟必然伴随着付出很大的代价，却让我受益匪浅。它很好地回答了“我们所做的事情万一没有结果怎么办”这个问题：如果你已经做好了最坏的打算，能接受最差的结果，那么你就尽最大努力去做。

多年前我来北京的时候，还处于一个懵懂的状态，当时自己获得了一点微小的成功，银行卡里有一些积蓄，难免有一些飘飘然。我来北京时对于自己要做什么其实没有太多的计划，包括后来的创业也几乎没给自己留后路，导致在很长的一段时间内我几乎没有任何收入，很多信心十足的事情最后也都以失败告终，甚至沦落到生活窘迫交不起房租的地步。

当时我找了很多客观原因，对方不讲信用、大环境不好诸如此类的，觉得自己到了这步田地是被别人坑的。但冷静下来仔细想想，其实主要还是自己从一开始就过分自信，压根就没考虑过自己会失败，万一失败了会有怎样的结果。我甚至都没给自己留任何“B计划”，所以根本无法解决自己投入了那么多时间和金钱，万一无法获得回报该如何维持自己的生活这个问题。

所以后来我再做任何决定，跟别人谈任何事，都变得异常谨慎。我开始意识到努力本身并没有错，很多人都和我一样，遇到一件自己认定的事，就会不顾一切地去坚持，抱着不撞南墙不回头的信念。这个态度是没错的，但作为一个成年人，是要考虑后果的，是得给自己留条后路的，只要不是百分之百能成功的事情，根据墨菲定律，都是有失败风险的。如果不能承受失败，不能承担最坏的结果，那这件事情就会变成极其愚蠢的行为。

之前我在网上回答过许多问题，其中问得最多的问题就是关于人生选择，比如想辞掉工作去其他地方发展，想放弃现在的感情等，很多人很纠结，不知该如何抉择。我反问对方最多的两句话就是：“你能接受失败吗？你考虑过最坏的情况吗？”我说：“如果这些你都已经想过了，并且做好了承担一切后果的准备，你就完全可以按照自己的想法去做。如果最后事与愿违，我希望你不要把责任推到客观原因上，因为这是你的选择，我希望你从精神上到物质上都不要沦落到活不下去的地步，否则就很不值得了。”

当我运用这套思维模式之后，发现许多曾经觉得很困难的人生问题忽然变得简单起来。无论是情感上还是事业上，任何或大或小的事情，做之前先抛开你能从中得到什么的想法，千万不要先去幻想成功后的喜悦，而是习惯于先去思考失败的可能性，问自己能否接受失败的结果。如果你得到肯定的答案，那么你就去尽最大的努力，无论最终的结果如何，你都不会让自己后悔。

之前在丽江遇到一个年轻人，他说自己不喜欢现在的生活，特别想放弃工作去旅行。我劝他别这么做，因为我从他的言谈中能够看出，其实他想做的这一切完全是出于冲动，从来没有考虑过花光积蓄之后回到家要怎么继续生活的问题。我发现，现在很多媒体与社交平台给我们灌输了很多太过激进的价值观与生活方式，只是一味地渲染要追求自己所向往的生活，却往往脱离了生活的本质，从不告诉我们该如何去体面且可持续地获得满足感与价值感。

我们必须明白的一点是，安于现状并不可耻，可耻的是连现状都无法维持。建高楼的前提是地基牢固，倾家荡产甚至借钱去投资和在赌场赌博没有本质区别。请牢记一句话：“Always have a plan B.”永远有备选的方案，永远别把所有鸡蛋都放在一个篮子里，专业点说叫风险控制，通俗点说叫永远给自己留一条后路。这是我对自己的鞭策，也是给大家的建议，共勉。

人越在低谷时，越要戒掉情绪

✻李思圆

或许，每个人的一生中，都会有一些低谷时刻……当你把情绪当作发泄的工具时，你就输了。当你把情绪作为锻炼和磨砺自己的武器时，你就赢了。

成功学之父奥里森·马登说过一段话：任何时候，一个人都不应该做自己情绪的奴隶，不应该使一切行动都受制于自己的情绪，而应该反过来控制情绪。

其实，每个人都有自己的情绪，都有感到愤怒、感到沮丧，甚至感到厌倦的时刻。

但当一个人处在低谷时，要戒掉情绪。

人在低谷，戒掉脾气

演员黄渤在接受《非常静距离》采访时，提到自己在未成名前，曾在一部电影里，演一个戏份并不多的劫匪。

当时他到了片场，一个人也不认识，所以只能坐在那里紧张地等待。

过了一会儿，导演走过来大声问："劫匪来了没？"

刚开始他还没注意，后来他立马反应过来说："是我。"

导演立马很不高兴地说："我叫你，你怎么不答应？"他立马赔笑脸说对不起。

然后导演突然仔细看了他一下，是用那种从上到下的眼神，把他打量了一番后说："谁让你来的啊？"

他卑微地回答说，是某一位副导演让他来的。这个导演又说："这不胡闹吗？"然后就走了。

当时他很生气，感觉自己受到了侮辱，但那时他也没办法，只得忍了，然后暗暗发誓，自己一定要演好那个角色。

结果他一条就过了，但演完后，他又赔着笑脸去找导演说，其实自己还有好几种演法，当时导演立马对他产生了好感，还留了联系方式，说还有一部戏让他去演。

一个人越在低谷期，越要管住脾气。

脾气在你一无是处时，不仅毫无价值和用处，甚至还会阻碍你的前途和出路。

黄渤成名后，在接受采访时，主持人问他："你之前遭受过冷遇吗？"

他无奈地说："当然有，怎么会没有，以前在剧组会遇到各种各样的人，都是各种小心机，谁搭理你呀。现在身边全是好人，每一张都洋溢着笑脸。总有人问，黄老师，你要吃什么，喝什么，我给你拿点什么……"

其实，人越在低谷时，越要戒掉脾气。

当你受了冷眼和嘲讽，你以为是别人不尊重你，其实是你的能力和实力还没有达到让别人尊重你的地步。

当你受了委屈和歧视，你以为是别人看不起你，其实是你没有让别人欣赏和看重你的资本和底气。

人在低谷，戒掉抱怨

许多时刻，当我们在做事时，总是过于着急，过于浮躁，过于计较。

有时一件事没做好，我们想的不是继续完善，而是只想着去抱怨自己的不满。

有时一件事没做对，我们想的不是重新开始，而是只想着去表达自己的不满。

其实，当你还未得到他人的认可和肯定时，多吃点苦，多受点累，并不是什么大不了的事。

成龙在自传里曾写到这样一件事。

他在为电影《十二生肖》选角时，看了许多录像，但在看了很多试镜以后，最后却定了其中一位新人演员张蓝心。

他写道："我的选角导演和动作组去挑人的时候，镜头摆在旁边是不停在拍的，不是说你表演动作的时候才拍，我就是要通过这个看细节。

"很多人没有留意到这一点，当听到说'再来一遍'的时候，就会面露不悦，等再被要求'能不能换个角度再来一遍'时，甚至就会有点不耐烦。

"每次看到这样的人，不管打得有多好，我都会马上按快进，后面演戏的部分看都不看，直接跳到下一个。

"看到张蓝心的时候，她很不一样，拍完一个之后会很主动也很有礼貌地说：'老

师对不起，可不可以让我再来一次？’接着看到她转身对着镜子练踢腿，然后说：‘可以了老师，我再来一次。’

“看到这里我转头就对制片说：‘就她了。’

“制片跟我说：‘其实前面和后面都有几个技术比她好的。’

“我说：‘不管前面还是后面我都不要了，我不喜欢她们那样的人，就算功夫再比她好也没有用，我就要这个人，我喜欢她的工作态度！’”

其实，当你刚起步未做出成绩时，不必过多去计较付出的多与少，也不必过多去抱怨其中的辛苦和艰难。

因为许多时刻，人得到意外的好运，恰恰在于他的耐心和认真。人与机会失之交臂，恰恰在于他的怕麻烦和不耐烦。

人在低谷，戒掉任性

相声演员岳云鹏，本身不喜欢扮丑，也不喜欢给人留下嘻哈大笑的印象，但为了糊口，他不得不选择退步。

有一次，他去找师父郭德纲谈心，说自己不想演了，因为他不想被观众看作小丑，也不想被同行嘲笑为哗众取宠。

但郭德纲劝他说，先吃饭再说吧，先火了再说吧。

其实，人在还没有出人头地时，不能完全顺着自己的心意，去选择和取舍自己想做和不想做的事。

岳云鹏的师父郭德纲，在未成名以前，也经历了一段近乎绝望的时光。

早年间，郭德纲为了学相声，在连饭都吃不起时，无奈之下，参加了一档综艺节目。

当时节目组为了增加收视率，策划把郭德纲关在一个繁华闹市的玻璃柜子中，度过两天两夜，在那里郭德纲不仅要表演，还要满足观众的好奇心。

被关进去的时候，许多人来围观，大家不仅看不懂郭德纲在里面演些什么，甚至还投来许多鄙视和嘲笑的目光。

更为可怕的是，郭德纲吃饭和睡觉，乃至一举一动，都暴露于众，郭德纲也想过不演了，甚至在第二天他就提着行李箱准备离开，但最终他还是坚持了下来。

其实，当一个人在低谷时，千万不能任性，有时只能选择坚持。

也许，熬着熬着就熬出了头。也许，走着走着就走出了一条路。

当你太在意自尊，太在意面子，太在乎自己的委屈时，最终很容易前功尽弃。

没有人愿意，向现实让步和妥协，没人肯勉为其难和委曲求全，更没有人愿意去干自己不喜欢的事。

但只有当你戒掉了自己的矫情和任性，才能为以后的自己赢得更多可以说不的权利。

或许，每个人的一生中，都会有一些低谷时刻。

被人讥讽和瞧不起时，也许你发过脾气。

面对反复的煎熬和折磨时，也许你有过抱怨。

面对不想做的事，不想撑下去的局面时，也许你想过放弃。

但万事岂能尽如人意？慢慢地你会明白，当你一无所有甚至一文不值时，情绪完全是多余的。

当你把情绪当作发泄的工具时，你就输了。但当你把情绪作为锻炼和磨砺自己的武器时，你就赢了。

骑岁月的风，捉一只温柔的蜻蜓

✽云鲸航

要一个人与这世界相见了，做好准备了吗？

少年时代阅读屠格涅夫的散文诗，到现在，我依然记得里面的一个片段："忽然，从附近一棵树上扑下一只黑胸脯的老麻雀，像一颗石子似的落在狗的面前。它全身倒竖着羽毛，惊惶万状，发出绝望、凄惨的叽叽喳喳的叫声，两次向露出牙齿、大张着嘴的狗跳扑过去。"

接着，就想起父母一次次带我逃出生活旋涡的场景。庆幸他们的臂膀足够有力，撑住了贫穷的屋檐，庇护着我和哥哥，让我们得以顺利成长。

上小学时，父亲的几次创业都以失败告终，赔上了家中所有积蓄。他回到长乐乡下，上山当了石匠。为了偿还债务，我们原本便不宽裕的生活变得雪上加霜。

因为营养不够，我跟哥哥比同龄男孩子瘦小。父亲和母亲商量过后，决定拿出一部分钱，给我们兄弟俩订牛奶。他又从山上砍了些木头回来，在门前的水泥地上搭了个简易的篮球架，还抱回一个篮球，扔到我哥怀里，笑着说："以后我带着你们哥俩打球，你们要长得高高的。"

后来，家门前的篮球场上总是充满了笑声，三十多岁的父亲在自己造出的球场上就跟个孩子似的，逗我们俩玩。

夕阳照在他刚毅的面颊上，这个充满力量的男人像是永远不会被打败。虽然后来我跟我哥也没长到多高，但因为有父亲的爱，我们内心早已锻造得比同龄人要强大。

19岁，我告别父母，去了很远的地方。

我像一个被脱掉铠甲、夺走武器的士兵，在此后的岁月中，必须要靠自己去铸造新的铠甲、新的武器，这种感觉无比微妙。

直到几年后，我才理解那天从家里出来，自己为什么那么难过，有一部分是基于情感本身，有一部分是来自安全感的丧失。

那一天，我不知道火车究竟会带我去一个怎样的未来。一路穿过了多少个山洞，越过了多少座大桥，我都没有留意，我只是反复问自己：要一个人与这世界相见了，做好准备了吗？

我小时候很怯弱，直到12岁的一天，我才意识到，原来自己也可以变得勇敢。

我被老师选进龙舟队，要跟同村的另

外一个学校竞渡。因为我当时是少先队大队长，校领导便让我担任龙舟队队长，可我根本不会划龙舟。比赛在端午节那天进行，我有两个星期的时间练习，其实时间主要是用来克服心中深深的恐惧，我怕水。

一放学，我便来到河边，上船，向身边的大人学习摆弄船桨。大家听着鼓声一边应和，一边有节奏地用力划开水，水花四溅，涟漪荡漾。因河道较窄，入夜时视线并不清晰，偶有几艘龙舟相撞。

我经历过一回，众人无力将船划开，任由舟子相碰，人间顿时在眼前摇摇晃晃。我一失衡就落入水中，幸好脚还能触地，但也被呛得流出泪来。现在想来，自己的勇气大概来源于年少时的自尊心，不愿在众人面前丢脸。

这些年，在南来北往中，少不更事的自己勉强算是成长起来了，虽然这种经验性的东西无法让人像在便利店看到价格牌一样确切，但当事人能清楚感受到便已足够。如同爱的感觉，局外人怎么会清楚呢？

久居山城，我深深明白，在这座终年被雨雾困住的城市，如果不是有爱跟理想做支撑，凭那一年四季的微光怕是不好抵挡四处蔓延的潮湿。

我曾经跟同事D去找过世界的尽头，我们在山城少有的晴天里，沿着一条大路奔跑，时间如过路车流哗然远逝。大路到了尽头，再往前迈出数十步就是涪江。江水并不湍急，在阴郁天色下呈现出忧郁的样子，采砂船像老去的水蜘蛛一样贴着水面平缓而行。

我们站在岸边，气喘吁吁，整个人被汗水浇灌却很快乐。有一段时间，我们躺在大路上，笑得像傻子一样。D说："毕业后，被这现实欺负够了。潘，你知道吗，其实我就想过这种别人看来无意义的生活。"

D从复旦大学毕业后，到三所私立院校教过书，喜欢随遇而安的他却整日被上级布置的事务压得喘不过气来，过了几年狼狈的生活。

有一天他跟我说："我要考博，离开这里。"我笑着问他："你怎么突然想清楚了？"他苦笑一番，回道："没办法，为了未来'无意义'的生活，此刻自己必须'有意义'地去活，我总是这样后知后觉。"

要跳出舒适圈，并非一件容易的事情。很多人都被现实的糖浆粘住，脱身乏术。若无对自己前途的希冀，我们也愿意被这样的生活绑住手脚，毕竟安稳。但在工作的这三年中，我也感觉到了"安稳"这个词几乎与"毁灭"同义。

身旁太多有条件有能力的人被安稳裹挟，成家立业，在一个狭小的世界里过完可以预见的一生。我不愿如此垂垂老去，D也不想。所以在某个春天的部门会议之后，我们不约而同递交了辞职信，从领导办公室走出来的那一刻，两个人会心一笑。

半年之后的某天，我站在海峡边上，看着黄昏里快速移动的云团，它们一片片相连。涛声和风声混在一起，构筑出一片更辽阔的海，给人无比苍凉的感觉。往昔不堪的遭遇跟俗世里的细碎声影都呼啸而过，不再令人惊悸与烦恼。

我慢慢感到，现在望见的风景都是自己一步步跨过山丘、涉过险滩走出来的。

因为爱，因为期待，我有了勇气，才能在理想与现实的对峙中，让站在薄弱一方的自己克服一切，骑着岁月的风去捉一只温柔的蜻蜓。

在生命的大地上，勇敢的人始终靠近着世界，拥抱着未来，也始终保存着青春的余温与不息的爱。

心中有光，不畏将来

袁则

内心光明的人，他的世界也一片光明，一片生机。

在王阳明看来，保持快乐不是一种天赋，而是一种能力，是一种通过智慧和修行可以获得的能力。他在龙场谪居期间，写下了千年传诵的《瘗旅文》，其中记载了这样一个故事：有位吏目从京城来，带着一子一仆去赴任。路过龙场时，在当地苗家借宿。王阳明想找吏目询问京城的事情，可等到第二天，却传来噩耗，才知道这三个人因长途跋涉，筋疲力尽，相继殒命。这件事令王阳明很感慨，他让仆人将三人葬了，并说道：“如果你实在贪恋这五斗米的俸禄，就应该开心上任，为什么要这么忧郁呢？路途遥远，风餐露宿，哀愁积心，内外夹攻，岂有不死之理？我离家来此已有三年，同样经历了这些，却能安然无恙，就是因为我始终保持着豁达愉悦之心。”

完全没有情绪，不是正常人。但能不能克制情绪，就是愚者与智者、弱者与强者的区别。心不安定，则一事无成，拥有积极的心态才是生活的良好开端。

众所周知，王阳明的一生并不顺遂：25岁时，第二次参加会试落榜；35岁时，触怒刘瑾，被杖责入狱贬至龙场；45岁时，入贼寇四起之地。他虽身处泥泞，却依然能遥看满山花开，还能无执无着，静享生命的喜与乐。无论是面对京城官场的排挤，还是面对穷乡僻壤的贫寒，他从不执着，从不计较，该退则退。王阳明说：“只存得此心常见在，便是学。过去未来事，思之何益？徒放心耳！”意思是只要常存养此心，就能经常觉察到心的存在，这就是做学问。已经过去的事和那些还没到来的事，想它们有什么益处呢？这样胡思乱想，只能白白丢失清明的本心。

一个人要想获得快乐，就得有活在当下的智慧。简单来说，就是专注于眼前的事情，不要胡思乱想。《三国演义》里，周瑜临终前的一句“既生瑜，何生亮”，被世人大叹可惜。面对一个才能谋略都高过自己的人，周瑜不是想着虚心讨教，而是心生嫉妒，去世时，年仅36岁。

人处浮世先修心，须从宽容做起，开诚心，布大度，盈于心，造多福。狂风骤雨之中，苏东坡竹杖芒鞋，顶着风雨，从容向前。那种笑傲人生的洒脱和豪迈，那种风雨中我行我素、不畏困难的超然情怀，都浓缩在一句“一蓑烟雨任平生”中。时时微笑，雨打芭蕉也无愁；常常宽容，宰相肚里能撑船。苏东坡写下《定风波·莫听穿林打叶声》之时，正值中年，走过半生风雨飘零，已然修炼成超脱世俗的心境。他回首看着顶风冒雨前行的路，实际上是在回首自己一生走过的路，无所谓风雨，也无所谓天晴。这里的风雨和晴朗，既是自然界天气的风雨和晴朗，又指人生道路上的荣辱得失，苏东坡早已看开。所谓荣辱，都是过眼云烟，淡泊宁静、无忧无患、无欲无求、轻松自由，也许这才是他想要的生活。

王阳明临终前，弟子问他有何遗言。他只留下8个字：“此心光明，亦复何言？”这8个字是王阳明一生的概括，也是他对世人最后的教诲。内心光明的人，他的世界也一片光明，一片生机。总有一天，你会发现，你最好的样子，是肩上有山，心中有光，不惧路长，不畏将来。

稻盛和夫：人的成长，始于三次觉醒

摘自微信公众号“每晚一卷书”

Seven

人生就是一个不断觉醒和重塑的过程。觉醒的程度不同，达到的境界就不同，人生走向也会大不相同。

世界上最大的监狱，是人的思维意识。

有这样一个穷小子，出身草根，学历平平，从小贫病交加。

硬是白手起家，一路逆袭，把一副烂牌生生打出了王炸。

不仅创立了2家世界500强企业，还在78岁时力挽狂澜拯救日航，创下一个又一个商业奇迹。

他就是日本的“经营之神”——稻盛和夫。

纵观稻盛和夫传奇的一生，你会发现，他的成长始于三次决定性的觉醒。

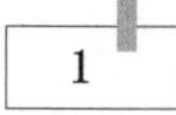

第一次觉醒：从固定型思维到成长型思维。

稻盛和夫刚毕业时，曾入职一家濒临破产的陶瓷生产企业。

企业的领导经常唉声叹气，把“我真倒霉啊”挂在嘴边。

产品不合格被客户退回来，他怪客户要求太高；新型材料研发失败，他说研发太难。

其他同事也是跟着一边抱怨，一边混日子。

稻盛和夫深受其影响，写信向家里人大倒苦水，却被哥哥一顿痛骂："一个只顾抱怨的人，会有什么出息？"

这句话一下子敲醒了稻盛和夫，他不再跟着同事一起发牢骚。而是带着锅碗瓢盆住进了实验室，昼夜不分全身心地投入研究工作。

在历经数百次失败后，奇迹发生了，他成功研制出了新型材料。

一时间，客户纷纷抢着下订单。

就这样，他不仅拯救了岌岌可危的企业，人生也进入了良性循环。

斯坦福大学心理学家卡罗尔·德韦克将人的思维模式分为两种：固定型思维和成长型思维。

拥有固定型思维的人，一遇到挫折，就畏首畏尾，止步不前；而拥有成长型思维的人，心态积极，遇到问题能反躬自省，永不言弃。

从固定型思维到成长型思维，是稻盛和夫人生的第一次觉醒，也是心态上的跃迁。

著名报人金惟纯先生，曾在早年间一手创办了《商业周刊》。

刚办了一年，报社就深陷经营危机。

公司耗费大量的人力财力，出版的刊物发行量低得可怜，导致入不敷出。

那段时间，报社内部怨声载道。

有人觉得是政策不好，有人则认为读者素质太低，只喜欢读肤浅的东西……

在一片抱怨声中，金惟纯却在不断反省自己，每天思考着如何改变现状。

他不停地向前辈取经，学习经验。

同时还聘请大量优秀编辑，不断改进风格，在保持内容深度的同时，让文章兼具可读性。

在他的努力下，报社起死回生。

一个人要想持续精进，就要学会调整自己的思维模式。

跳出固定型思维，用成长型思维激励自己。

把"我不行"变成"我尽力"，把"我不会"变成"我可以学"。

当你敢于挑战，不断发掘自己的潜在能力时，就会愈挫愈勇，快速实现蜕变。

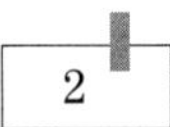

第二次觉醒：从利己思维到利他思维。

稻盛和夫 27 岁前一直是霉运当头。

然而就在他悟到"宇宙的本质就是利他"之后，命运的齿轮开始转动。

1973 年，全球爆发了第一次石油危机，很多日本企业都不得不裁员以求自保。

稻盛和夫所创立的京瓷公司也受到了波及，订单锐减至原来的十分之一。

稻盛和夫却坚决表示，自己不会因此解雇任何一名员工，包括钟点工。

"用员工时就把他们找来，没有利用价值的时候，就把他们赶到街上，这是我们应该做的事吗？"

那段时间，他让十分之一的人继续工作，剩下的人就学习或打扫卫生，但工资还是照发。

员工们也被稻盛和夫的仁义感动，纷纷为公司建言献策，帮公司渡过危机。

后来京瓷公司不仅成功渡过难关，还脱颖而出，成长为世界500强企业。

偶然的成功看运气，必然的成功看格局。从利己思维到利他思维，是稻盛和夫人生的第二次觉醒，也是格局的改变。

不管是工作还是生活，当你站在别人的立场，积极给予别人帮助和理解时，自己也会好过很多。

你愿意为别人撑伞遮雨，别人才愿意为你铺路架桥。

就像稻盛和夫说的，人只要抱利他之心，行利他之事，命运自然就会好转。

凡事顾全别人，其实也是在成全自己。

当你懂得推己及人，开始站在他人的立场考虑问题时，你的格局就会越来越宽广，人生也会越来越顺遂。

3

第三次觉醒：从囚徒思维到变通思维。

《理想国》中讲过这样一个故事。许多囚徒被关在山洞里，定睛看着墙上的幻影。这些幻影是人为制造的，可是囚徒们把它们当成世界的真实面目，沉浸其中。

直到有一天，一个囚徒逃离了洞穴，发现了外面真实的世界，连忙回去告诉同伴。可同伴们压根不信，还视他为叛徒，无情地把他杀害了。

其实困住这些囚徒的从来不是山洞，而是他们脑海中那座无形的囚笼。

生活中很多人之所以遇到问题就会停滞不前、走进死胡同，就是因为思维固化，陷入了这种“囚徒思维”。

但事情往往没有你想象中那么糟糕，主动推翻眼前的高墙，你会发现危机之中，也藏着转机。

20世纪60年代，京瓷的竞争者越来越多，利润不断下降，公司面临着巨大危机。

员工们一心想着多跑市场，争夺现有的订单以提升业绩，却收效甚微。

在危急关头，稻盛和夫做出了一项大胆的决策。

他专门挑那些其他公司接不了的订单来做，甚至还会主动向客户提出产品预想。

客户往往会很心动，立马拍板签合同。

可实际上，以当时京瓷的技术，根本无法做出这样的产品。

面对员工们的不解，稻盛和夫解释说：“别的公司只接现有技术能做的，那我们就接不能做的。既然技术不够，那我们就反过来，用订单逼着我们研究新技术。”

在巨大压力下，京瓷的研发团队不断向新产品、向未知的领域发起挑战，攻克了一个个技术难关。

没过几年，京瓷便再次成为行业头部。

哲学家叔本华说：世界上最大的监狱，是人的思维意识。

当你遭遇瓶颈、走到死胡同时，试着提醒自己：山不过来我过去，此路不通换条路。

让自己从囚徒思维进阶到变通思维，是稻盛和夫人生的第三次觉醒，也是思维的升级。

人生就是一个不断觉醒和重塑的过程。

觉醒的程度不同，达到的境界就不同，人生走向也会大不相同。

想要让自己实现蜕变，一定要尽早敲醒自己，从心态、格局、思维上进行转变。

你的每一次觉醒，都会帮你进入更广阔的天地，让你的人生迈向更高的台阶。

改变命运的人，都长什么样

✽ Juno

改变命运的人，需要克服自身阶层的路径依赖和惰性，以超乎常人的远见和意志力，开拓出一条独一无二的道路。这条路人迹罕至，没有路标，但它藏着更有想象力的未来。

记得小学时班里有几个农村出身的女同学，她们家里面大都有一两个弟弟，她们初中辍学后，就帮着父母干活儿了。当我还在读书的时候，她们就抱着孩子当起了妈。

我看着确实可惜。

她们当中，有的其实有机会摆脱命运的桎梏，飞往更广阔的世界，但无一例外，她们还在重复父母的人生。

我一直在想，那些改变命运的人，到底是做对了什么？他们是变动了命运链条上的哪一环，才能从此改变命运的走向？

深究本质，你会发现，不管是国内还是国外，古代还是现代，改变命运的人都有着相似的面庞。

读《曾国藩传》，我发现曾国藩其实是很典型的寒门出身、鲤鱼跃龙门的代表。

曾国藩的爷爷是一个目不识丁的农民，曾国藩的爸爸曾麟书，是当地很有名的“老童生”。

“老童生”是什么意思呢？就是十几岁开始入考场，考到头发都花白了，连个秀才也没中。

曾国藩呢，和他爸一样“资质鲁钝”：“余性鲁钝，他人目下二三行，余或疾读不能终一行。他人顷刻立办者，余或沉吟数时不能了。”他单是秀才就考了7次，有一次考完试，文章还被主考官当作“反面典型”，说这篇文章文理欠通，大家要引以为戒。

这么一个起点低、悟性低的人，为什么能够“十年七迁，连跃十级”，成为“晚清中兴四大名臣”之一呢？

其中有个很重要的因素，就体现在曾国藩的人生策略“尚拙有恒”上。

虽然学习速度没别人快，领悟力没别人高，但是，他胜在勤勉与坚持。

之所以能笨鸟先飞，原因也很简单：一是因为没有智力优势，所以比别人更虚心，更肯付出；二是笨拙的人从小就接受挫折教育，因此“逆商”高，抗压能力强；三是笨拙的人不会取巧，也不懂得走捷径，所以一步步稳扎稳打，遇到问题一定要吃透，做事不留死角。

“尚拙有恒”这一点从曾国藩每天的学习日程就可以看出来：每日楷书写日记，每日读史十页，每日记茶余偶谈一则。这是必须完成的课程下限，除此之外，他每日读《易》，练习作文。

这一点同样也体现在他的用兵策略上，曾国藩带兵时，喜欢“结硬寨，打呆仗”。攻打太平军的时候，曾国藩从来不贸然进攻，而是在城外挖两条长壕，里面的长壕是为了断绝城中的粮草接济，外面那条长壕，则是为了防止援军的攻击。

所以曾国藩的每场仗都打得特别费力，一打就是两三年。这种方法虽然笨拙，但胜在有效。日复一日地精进和坚持，虽然无法立竿见影，但是把时间的尺度拉长到十年二十年，带来的效果往往是“脱胎换骨”的。

尚拙有恒，放在今天，就是持续教育和终身成长。而持续教育的本质，在于修正。

每个阶层都有其自身独特的属性和局限性。要想摆脱原生阶层的限制，不能沿用父母那一辈的教育和经验，因为他们的生存哲学只适用于自身的阶层，放在其他阶层是不成立的。所以最好的办法，就是接受持续教育，突破自身阶层的局限性。

一个人想要摆脱命运安排的轨道，在没有外力的干预和冲击下，往往需要自身拥有更大的推力。

大部分没有文凭，在流水线上工作的工人，只能充当廉价劳动力，往往很难找到一份体面的工作。他们的人生没有太多选项，虽然隐隐约约察觉到有什么东西挡住了向上的路，但因为缺乏长远的目光和足够的力量，只能原地踏步，无能为力。

他们的局限性在于，周围都是身处同样困境的同龄人，每天嚷嚷着要逃离这样的生活，但糟糕的是，几乎没有一个人能够找到出路。

持续教育很重要，但能拥有惊人的成就，往往离不开“势”。

“势”是大势，也是风口。拥有势，则乘风而上；失去势，则顺流而下。所以能成大事者，除自身的努力以外，还需要几分“势”。曾国藩的命运，也同样系在看不见的“势”上。

太平天国运动之前，曾国藩官居二品，也算春风得意，但是太平天国运动之后，曾国藩才算真正名留青史。那时曾国藩的母亲刚去世，曾国藩本来准备赴江西主持乡试的，听闻这个噩耗之后，即刻奔往湖南老家办理丧事。

当时曾国藩做了十几年的京官，也心生退意，想要归隐山林，研究学问。然而太平天国运动爆发，咸丰帝寝食难安，于是命曾国藩出山，兴办“团练”。

太平天国运动，对曾国藩来说就是势，是时势造英雄的“势”。正如他的好友郭嵩焘说的那样：“公素具澄清之抱，今不乘时自效，如君父何？”

什么意思呢？以前你总抱怨朝廷按部就班、死气沉沉，没办法兴革，你的政治理想没法实现。现在天下大乱，岂不正是你建功立业、施展才华，实现政治理想的大好时机？

曾国藩决定出山团练，因此才有了后来的湘军，才能在太平天国运动中立下大功，在青史上留下更多笔墨。

创业也是一样，努力固然重要，但“势”往往更重要。作为创业者也好，投资人也罢，能不能成事，还要看未来5—10年的趋势，以及这个池塘够不够大。顺势而为，成功相对来说也就容易很多。

每个时代都有机遇，但能否抓住机遇，顺势而为，还取决于两方面：一是能够比普通人提前看到“势”；二是有足够的速度和能力赶上这趟车。错过其中任何一个条件，都只能干瞪眼。

除了持续教育和顺势而为，其实还有一点很容易被忽略，那就是几代人的努力。改变命运这个任务，很多人只看到了个体的飞跃，却忽略了前几代人的铺垫。

曾国藩的成就也是建立在两代人的努力之上的。曾国藩的爷爷曾玉屏，年轻时没读过书，成天游手好闲，不务正业。

有一次曾玉屏在酒楼浪荡，听见一个老头告诫自己的孙子：千万别跟这个人学，你看他家里没什么钱，却总跑到城里来装大爷。这个家早晚要败在他手里。

曾玉屏被刺激到了，他下定决心要改头换面，兴家立业。

他每天天没亮就起床下地干活儿，奋斗了十多年，才终于让曾家变成了家境殷实的小地主。虽然曾玉屏没受过教育，但是他把长子曾麟书——曾国藩的爸爸——送去读书，甚至不惜重金，请当地最有名的老师来授课。

可惜曾麟书愚笨，直到43岁才考上秀才。到了曾国藩这一代，才终于出了一个当大官的，这在当时看来也算是光耀门楣了。

所以阶层跃迁，本质上是几代人的长跑和接力比赛。就好比爬楼梯，有的人天赋高、悟性强，再加上自身勤勉，顺带着有几分运气，一口气就能爬到楼顶。有的人缺那么点儿天赋，或者运气背点儿，爬得就慢一点儿，终其一生，顶多爬了两三层，只能把接力棒交给下一代继续爬。

正如之前说过的，任何一个人，想要摆脱命运安排的轨迹，自身势必要具备更大的推力，才能脱离既定的轨道。

从本质上来说，改变命运的人，需要克服自身阶层的路径依赖和惰性，以超乎常人的远见和意志力，开拓出一条独一无二的道路。这条路人迹罕至，没有路标，但它藏着更有想象力的未来。

而这样的人，终归少之又少。大部分人能做到比上一代活得更好，成为下一代不算太低的起点，我认为就已经算是成功了。

重塑心态，就是在改写你的命运

July

心态不好，哪怕你条件再优秀，遇到挫折也很可能一蹶不振。人的命运，从来都是由自己决定的。而改命之法，也永远掌握在你自己手中。

命不好，往往是心态出了错。

美国演说家海利曾做过一项调查。

他发现，美国的合法移民成为百万富翁的概率，是本地人的 4 倍，不论男女和种族。

是什么造成了这种差距呢？

原来，这些移民刚来美国时，只是抱着得过且过的心态想混日子。但来了之后发现，报纸上到处都是招聘广告，连最低薪资在其他国家也是最高的。

于是他们一扫之前的颓丧，积极地投入工作中。心态上的转变，也让他们成功的概率不断增加，最终改写了自己的命运。

有句名言：“成功与否并不取决于我们是谁，而取决于我们持有怎样的态度。”

人的命运往往是由心态决定的。换个心态，其实就是在改命。

1

你认为的命不好，其实是心态出了错。

曾看过一篇报道，说的是人类每天会产生一万二千到五万种想法，并且大约80%的想法是负面的。这会导致人在遇事时常常会忽略现实，本能地向着最糟糕的结果去思考。但不同的是，拥有积极心态的人能跳出这种既定思维，看到事件中好的一面。而拥有消极心态的人，则会沉溺在悲观的想法中，对自己进行批评和否定。心中没有了希望，人自然就失去了努力的动力。

悲观者的命运也必然走向惨淡的结局。

《心态》这本书中讲过一个小故事。

有两个人在沙漠中迷路了。他们走了很久，水也喝完了，其中一人还因为中暑瘫倒在地。

同伴见状，决定自己去找水。他把枪留给了中暑者，并嘱咐他每两个小时朝空中放一枪，枪声会指引自己重新找到他。时间慢慢过去，中暑者开始怀疑：他能找到水吗？会不会抛下我，他自己走了？到了傍晚时分，还不见同伴的身影，中暑者越想越害怕，满脑子都是秃鹫啄食自己的画面。终于，中暑者崩溃了，他拿起枪，将最后一颗子弹射进了自己的太阳穴。枪响后不久，同伴领着骆驼商旅赶来，却只找到了中暑者温热的尸体。杀死中暑者的，其实不是那一颗子弹，恰恰是他悲观的心态。

稻盛和夫曾说：“人生的所有不幸，没有其他原因，都是由自己的内心吸引而来的。”

有时候你的命不好，并非出于外因。是你心中的绝望，吸引来了厄运；是你对自己的消极判定，让命运走向了不幸。

很多际遇都是由自己造成的，你心态不好，人生自然不顺。

2

换个好心态，好运也会被吸引而来。

美国成功学大师拿破仑·希尔讲过这样一个案例。

有一个年轻人，在一家商店工作已经4年。他经常和朋友抱怨，说这家店从来不器重自己，这么多年工资还是一成不变。眼看着其他店员都晋升成了店长，他觉得自己毫无机会，整日消极摆烂。

朋友劝他，与其痛苦地熬日子，不如换个心态，反正都这样了，何不让自己快乐一点呢？

年轻人听完，觉得很有道理。于是他一改往日的丧气，学着用乐观昂扬的姿态去对待每一位客人。

这天，外面突然下起了雨，一位老妇人没带伞，慌忙进店躲雨。其他店员见她浑身狼狈，也并无购物的意愿，都对她视而不见。

年轻人却热情地上前打招呼，并告诉她，就算不买东西，她也是受欢迎的。老妇人深受感动，在离开时默默记下了年轻人的姓名。

几天后，老板把年轻人叫到办公室，并向他出示了一封信，是那位老妇人写来的。信上要求该公司派代表去外地谈生意，并指定年轻人去完成。

原来，那位老妇人正是钢铁大王卡耐基的母亲。她看中了年轻人的热忱，认定他一定能干出一番大事业。

而年轻人也不负所望，最终顺利得到晋升。

拿破仑·希尔对此总结道：“很多结果都是由心态决定的，而调整出自己良好的心态，是我们迎接成功所必备的前提。”

很多时候，人不是没有机会，而是颓丧的态度让自己错失了良机。

因为心态上的消极，会导致行动上的

怠慢，让你的结局像宿命般悲哀。但其实，好运一直摆在你面前，只不过是你拒绝了而已。

想要命运有所改变，往往要从重塑心态开始。

摒弃负面的想法，转换萎靡的心境。

用热情的姿态去面对生活，哪怕前方山穷水尽，你也能迎来属于自己的柳暗花明。

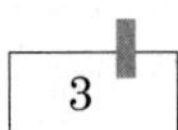

内心越乐观，命运越不会辜负你。

哈佛大学做过的一项调查表明：决定一个人成功的概率，15% 取决于他的智力和生活经验，剩下的 85％都源自他的心态。

换句话说，一个人的人生成败，在很大程度上，是由心态决定的。

心态不好，哪怕你条件再优秀，遇到挫折也很可能一蹶不振。

学着像弹簧一样，不惧失败，借力蓄力，无论遭遇什么，你都能成为那个笑到最后的人。

19 世纪初，美国西部掀起了一场声势浩大的淘金运动。有一个年轻人，刚一出生就与这个大发横财的时代擦肩而过。中学毕业后，他又赶上经济大萧条，不得不放弃学业去搞房地产维持生活。但房地产生意刚有了起色，第二次世界大战又开始了，他竹篮打水一场空。

这以后，他开始四处打零工，做过汽车销售，也当过油漆工。可无论他从事什么行业，都难以获得成功。

到了 1955 年，年过半百的他回到了家乡，依然一事无成。换作旁人，半生奋斗却未成就任何事业，肯定自认倒霉，然后得过且过地熬过下半生。

可他却始终不肯向命运妥协，反而越战越勇，在别人颐养天年的年纪仍在积极地寻找商机。

这时，他发现邻居的汽车餐厅生意很红火，认定这个行业很有发展前途。

于是在 52 岁时，他决定重新创业。这一次，幸运女神眷顾了他，短短几年他的汉堡生意就做得风生水起。

这个人，就是麦当劳的创始人雷蒙·克罗克。

听过一句话：“如果你认为会失败，那么你已经败了；如果你不敢，那么你肯定踌躇不前;如果你想获胜，却认为无力制胜，那么几乎可以断定，你与胜利无缘。”

人的命运，从来都是由自己决定的。而改命之法，也永远掌握在你自己手中。

都说心态决定命运，但其实，是你对成功的相信让你的努力得到了回报；是你对胜利的执着，让你赢过了大部分人。

重塑自己的心态，也许不能立刻看到效果。

但你的精气神会让你无惧人生的挑战，你的正能量会照亮你前进的方向。

凡事都往好处去想，你就一定能跳出自我的限制，创造出更多的可能。

林肯曾说：“成功始于觉醒，心态决定命运。”

很多时候，命运的走向就在你的一念之间。

面对人生的难题，你若用消极的眼光去看待，就会放大它的难度，让情况越变越糟；当你能用积极的态度看待一切世事，你的人生就已经在悄悄发生改变。

为什么越优秀的人越勤奋

越优秀的人，越能看见自己的无知。

✽Jenny乔

前段时间，看了一篇关于汤姆·希德勒斯顿的文章，只看了一半就果断对他路转粉。

此前，我对他这张脸唯一的印象就是电影《雷神》中的大反派洛基，当年看那部电影还是冲着女主角去的。可翻开他的履历，只说三条，就让人佩服得五体投地：

会七国语言：英语、法语、西班牙语、俄语、意大利语、拉丁语和希腊语。

放弃牛津大学去读剑桥大学是因为：和父母吵架，想离他们远一点。

《雷神》试镜时，为了得到雷神一角，他特意增重20斤，结果试镜之后，被告知要演洛基，他又减掉了这20斤。

每一句轻描淡写的描述，都是很多人一生都可能无法达到的高度。继阿米尔·汗、彭于晏之后，又一位男神印证了那句老话：优秀是一种习惯。

不知道你身边有没有这样一种人，明明已经出类拔萃，每天还像缺钱一样勤奋，像欠债一样努力。每每遇上这样的人，我都会忍不住问一句：为什么？

有个外国朋友，“80后”，一个土生土长的美国人，五年前来北京工作，哈佛、耶鲁、剑桥都念过，拥有美国、英国、中国香港三地律师执照，中文说得一流，年初刚刚跳槽到了一家国际律师事务所，成了最年轻的合伙人，年薪百万。

妥妥的人生赢家。可前天，他居然跟我说，最近在看司法考试的教材，说打算好好研究一下中国法律。旁边的几个律师朋友快气哭了，饭碗抢到家门口了。可你就是拦不住优秀的人闯入你的领地。

他刚来中国不久，就开始学中文。日常交流没问题了，他还不死心，非要学中国文化、中国历史和中国民俗，经常把我问得一愣一愣的，比如：故宫为什么叫紫禁城？十二生肖里为什么没有猫？说大话为什么叫吹牛而不叫吹羊？

我想说的是，跟他在一起，我觉得自己是个假的中国人。他最喜欢说的一句话就是：越学，越觉得自己懂得少。

古希腊哲学家芝诺的学生曾经问他：

“老师，你学识渊博，知道的事情那么多，为什么还经常怀疑自己的答案呢？”

芝诺回答说：“人的知识就像一个圆，圆圈外是未知的，圆圈内是已知的，你知道的越多，你的圆圈就会越大。圆的周长也就越大，于是，你与未知接触的空间也就越多。因此，虽然我知道的比你们多，但不知道的也比你们多。”

曾经听过一个投资人的讲座，他洋洋洒洒说了三个小时的成功经验，却用了这样一句话结尾：做投资的时间越长越不敢投。

大概因为这样，巴菲特才会只买自己熟悉的行业、熟悉的公司的股票，甚至反对炒股。他曾经说：“有时候我太过谨慎，但我宁可有一百倍的谨慎，也不想有1%的不小心。我不是靠炒股成为世界首富的。”

越优秀的人，越能看见自己的无知。于是，步履踌躇、心生敬畏成了一种自然反应，但也正是这种心态，让他们不想停下探求的脚步。

傅盛说，人有四种认知境界：“不知道自己不知道”“知道自己不知道”“知道自己知道”和“不知道自己知道”。95%的人都处在第一层。

是不是自知无知，正是优秀者和平庸者最大的区别。一个人能走多远，取决于他知道自己走了多远。当我们问“为什么越优秀的人越努力”的时候，或许我们更应该问另一个问题：为什么我们不再努力了？

以为自己什么都知道，恰恰是无知的开始。有时候，小有成就比一事无成更可怕。听过一个真实的故事。一个“90后”的小镇姑娘，从小喜欢读书写作，从上高中起开始陆陆续续在杂志上发表文章，后来又开始写公众号、出书，很快小有名气，赚了点钱。有一家公司邀请这个姑娘加入，给了她丰厚的薪水。她毅然决然地放弃了高考，投奔了金主。

这些年，社会一直在争论：上大学到底有没有用？说没用的人，总能举出很多例子，证明不上大学也能成功。从爱因斯坦到爱迪生，从比尔·盖茨到乔布斯，社会这所大学好像更能培养出所谓成功的人。

讽刺的是，那些没有读过书却成功的人却比任何人都重视教育。见识越多的人，越能看见差距，也就越明白读书的重要性。

宋朝诗人黄庭坚有句名言：“三日不读书，便觉语言无味，面目可憎。”周国平对这段话的解读，我特别赞同：你三日不读书，你就会自惭形秽，羞于对人说话，觉得没脸见人。

这就是他所说的“读书的癖好”。读书为什么能成为一些人的基本需要？大概就是因为这种自愧不如的感觉吧。

经常有人问我：怎样才能成为一个努力的人？我会反问他们：对于不努力，你的感受是什么？他们通常会说，没感觉。

我想，这就是差距吧。真正优秀的人，是停不下来的，因为内心深处有一种对无知的恐慌。对于知识，他们永远觉得自己掌握的不够。

可是，生活里，大部分人都是40岁吃30岁的老本，30岁吃20岁的老本。

我不是说人一定要勇往直前，一次次地勇攀高峰，而是说人要有一种危机意识和一种谦卑的心态。对于这个世界，我们不知道的东西还很多。

笛卡尔曾说过，没有知识的人总爱议论别人的无知，知识丰富的人却时时发现自己的无知。

所以，为什么越优秀的人反而越勤奋？

答案或许很简单，他们与我们相比，能看见更多值得努力的东西。

你的习惯，就是你未来的模样

✽陶瓷兔子

什么是人生？它是你所有习惯的总和。你现在的每一天，就是你未来的模样。

吴军老师在专栏里写到了一件早期在谷歌工作时的趣事。

有一次他看见技术部的总监正在批评下面的一位程序员，因为这位程序员在使用一种很笨的排序代码。程序员也不服气，辩解说这次参加排序的数目不大，采用什么排序方法用的时间都差不多，他因为任务紧，自然就挑选了最简单的代码来写程序。他认为总监是在有意为难他，鸡蛋里挑骨头。

总监走后，程序员委屈地来找吴军评理，吴军回答他："人生活在小数字的世界里，难免会保留固有的习惯，但你既然从事了计算机这个行业，就要假设这个数值会变得无限大，一旦上限增加，笨办法造成的额外工作量可不止十倍百倍。"

在旧的习惯毁掉你之前，你必须赶快把最高效的做法变成你的新习惯，越快越好。

之所以想起这个故事，是因为有个读者来找我聊天，苦恼地说自己最近加班加到吐血，而最让她沮丧的并不是巨大的工作量，而是她自己的马虎。

就是那种挺常见的粗心，Excel数列格式不对用不了函数，只好一个一个去算上百行的数据；PPT图片大小总是弄不好，要么图片大得超出了边框，要么小到连关键数据都看不清；更别提敲错一个小数点或复制错了行，导致所有数据都得重做这种"乌龙事件"。

并不是多难的问题，她也一再提醒自己要认真、要小心，可每次复查都会出现大大小小的问题，只好一个人留下加班返工，有时还会耽误整组的进度，弄得自己愧疚不已又心力交瘁。

她是今年才换到新部门的，前几年在公司负责一些文字工作。因为是辅助类工作，都是不大引人注意的那种，比如全角半角的标点老是不分，"的""地""得"也常常用错，虽然也常有小毛病，但都无伤大雅，老板偶尔说她几句，也是玩笑多过批评。

从一开始的略带忐忑到后来的习以为常，那种"差不多过得去就行了"的心态逐渐成了她做所有事的习惯。

为什么要那么认真啊，反正也不重要，反正也没人看见。

然而到了有人在意，有人看见的那天呢？

这世上少有人能脱胎换骨，却有个词叫积重难返。

前段时间，我跟公司的一位前辈一起出差，九个小时的航班，又一路都在讨论项目上的细节，到了酒店我连澡都顾不上洗，恨不得推开门立刻就躺下，然而她问我："半个小时收拾一下，然后健身房见？"

那个姐姐年长我几岁，我不好意思直说自己想偷懒，先是找借口说手机没电，又说要回房间去熨明天要穿的西服，所以没时间。

"不是没时间吧，是没习惯。"她毫不留情地揭穿我拙劣的借口。

"有些习惯，你30岁之前养不成，就一辈子都养不成了。就拿健身来讲，现在还单身的你都挤不出时间，等再过两年结了婚、有了孩子，就更有理由把这件事一拖再拖。但如果你把它当成一个无论如何都要去履行的习惯，无论你多忙都能挤出时间来，哪怕是一边敷面膜，一边趴在地上做几分钟平板支撑。"

即便作为一个重度懒癌患者，我也不得不承认她的话很有道理。

就像我每天不看会儿书就会觉得浑身难受一样，因为这一习惯的存在，我能在一切场合迅速地进入阅读状态，无论是在晚高峰的地铁上还是在两个会议的间隙，我总能掏出Kindle，找个角落飞快地看上一会儿。

就像她不相信会有人真的"没时间健身"一样，我也从不相信有人"没时间读书"。

所有的时间问题，归根结底都是习惯问题，你真的想要去做的事情，从来不怕没时间。

我的一个朋友讲起自己曾经的一次失败的面试经历，悔得肠子发青。

他之前在一家非常轻松的国企上班，上下班从来不需要按时打卡，按指纹也不过是做做样子，所以一到冬天他就懒癌发作，三个月里，能按时去上班的日子没有几天。

待了三年多，他觉得生活特别无聊，就想换个环境挑战一下自己，正好当时有家500强外企正在招人，经验资历全都对口，他精心地准备了简历，电话面试和笔试也非常顺利。

只剩下最后一轮面试，他也早早就开始准备，背景资料查了一大堆，对最可能被问到的几个问题，也都精心地准备了最妥帖的回答。

面试的时间定在一个工作日的早上九点，他请好了假，早早就上床睡觉，还特意多上了一个闹铃。

但他还是起晚了，他像往常那样摁掉闹铃，重新把自己裹进被窝里，不知又睡了多久的回笼觉才忽然一个激灵：糟糕，还有面试呢。

按时赶到肯定是来不及了，他硬着头皮给HR打电话问能不能改时间，得到的只有一句："很遗憾，负责面试的合伙人十二点的飞机去伦敦，这会儿都已经离开公司了。"这个岗位，恐怕已经定了别人。

他恨不得揪着自己的头发扇自己两个耳光。真是没想到，在人生这样一个关键的时刻，拖后腿的不是智商，也不是情商，甚至不是能力，而是一个微不足道的习惯。

可又能怎么办呢？就像巴克曼说的：什么是人生？它是你所有习惯的总和。你现在的每一天，就是你未来的模样。

努力才是人生的常态

✻杨熹文

努力就是成功的必经之路，这是一种心甘情愿的公平交易。当努力成为人生的常态，那你的生活就一直充满希望。

在远走他乡前，我是一个从不怕寒冷的东北孩子。我的冬天，是降临在妈妈织的毛线手套和爸爸做的白菜炖豆腐里的，我早已习惯他们替我把这厚重的严寒挡在窗外，让我在天然冰箱般的城市里也时刻置身于23摄氏度的温暖中。

可是那远行的一年让我发现，奥克兰不一样，那是离开家的地球另一端，它的冬天是突然的、肃杀的，随着一阵冷风扑面而来的。这里不是家乡，没人给这恐怖的季节添点温情的味道。

我至今可以清晰地还原那个傍晚。我刚刚结束在亚洲超市里一天的工作，神色疲惫地走到公交车站。这是我来到国外的第一份工作，可那每小时十纽币的薪水让我开心不起来，我就像是挨了成人世界里的第一记闷棍，那一刻我的心里只有两种绝望的情绪相互交替着，一种是为一份站了整整十个小时的“底层”工作，另一种是为了刚刚错过了六点十分的公交车。我坐在公交车站的长椅上，几乎要哭出来，下一辆不知何时才来的公交车让我像等待戈多那般无望。天就这样暗下去了，不一会儿就黑了。一阵风吹进了我单薄的衣服里，你看，一个称不上故乡的地方永远冷漠，强盗般的冬天也来了。

这时我的身旁坐下一个金色头发的女孩，她动作大大的，毫不客气，有点天真的男孩子气，一双蓝眼睛毫不怕生地看向我，说：“你好啊！”

我低声地回应：“你好。”我尽量避开她的眼睛，坏情绪让我不想和任何人讲话。

她却满是聊天的兴致，白皙的手指指向不远处的灯光，说：“我刚刚下班，你看，那就是我工作的餐厅！”我的眼睛看过去，那是一家典型的洋餐馆，以繁忙而著名，常常到次日凌晨还灯火通明。我不禁多看了她一眼，她大概和我同岁，显老的白人基因让她的眼角有了两道浅浅的皱纹，她的鼻子冻得通红，黑眼圈有点严重，但那眼神里没有半点的疲惫。

我依旧满腹心思地说：“那里一定很忙吧？我也刚刚下班，只希望公交车快一点来，你我就可以早一点到家了！”

她说：“我不回家，我还有第二份工作！”

我惊讶地张大嘴巴，脱口而出：“天哪！你不累吗？你每天工作多少个小时啊？”

她哈哈大笑说：“我每天就睡四五个小时吧，不过没关系，我就要买车了！”

她看我大张着嘴巴，还以为我没有听懂她的话，神采飞扬地向我解释：“我为这车攒了几个月的钱了！”

我们彼此间的逻辑在此刻错了位。我没有及时在“买车”和“打两份工的辛苦”之间建立必然的联系，她没有理解我还没来得及扎根的生活让我的思维受了限。我是在那辆载我回家的公交车上读懂她那番话背后隐藏的含义：我打两份工是为了要买车，这份努力是顺理成章的呀，有什么好委屈好抱怨的呢，应该高兴才是呀！

走下公交车的时候，夜还是一样寒冷，我却忽然觉得生活多了一个思考的维度——如果这份每天要站十个钟头的工作，是为了搬去一个交通方便一些的出租屋，是为了买辆车而不必再等公交车，是为了作为一份更好工作的跳板，那么现在这份起早贪黑的努力，哪里还会有什么值得委屈的呢？

现在回想，这绝对是我在国外上的第一堂课，我走进人生的教室，看见黑板上用这样一句话欢迎我：努力才是人生的常态。

后来我的生活一度比“每天十小时站立收银”还辛苦：打工，在几份工作之间穿梭；读书，靠一杯接一杯的苦咖啡熬夜写作业；坚持写作，把所有见缝插针的时间都捡起来供文字使用。我像一个从不停歇的马达，用冲锋的姿态，为自己在异乡的土地上拼搏。

每当被人问起“这么努力干吗呢”，我都能想到几年前生活中的那段插曲，内心就会激起这样的感触：“这么好的日子，不努力又能去干什么呢？”我真想把自己一步步稳定前进的生活展开给旁人看——因为打工赚钱能够去交学费，因为认真读书得了一份好工作，因为坚持写作终于可以在网上发表文章……旁人总以为这努力是辛苦，我却偏偏觉得这是我的幸运，因为这份努力从来没有辜负我。努力多好，近一寸有一寸的收获，多一分收获生活就多一分欢喜。

一转眼来到国外已经四年，这里依旧没能成为我的家乡，并不是每一刻都有能踩紧的土地。可是感谢这次远行，一场场文化的碰撞，向我的思维里注入了不同的思考方式，这比我在学校中待的十几年，对人生产生的作用更深远。西方人的思维直接、简单，没有拐弯抹角的路线，感触最深的，是他们把努力当作生活中理所应当的部分。

我看到这里十几岁的孩子，在周末去帮邻居剪草坪，或者在清早挨家挨户送报纸，以此换取零花钱；我看到 20 岁的大学生，为四年的学费在麦当劳打零工，或者为自己的房租在餐厅端盘子。就连我房东那 5 岁和 7 岁的孩子，因为央求父母买了 iPad，都要为此用洗碗、晾衣服、清洁自己房间之类的劳动作为偿还……

我无时无刻不在这样的文化中看到，人生任何时候都要为自己负责任，因为生命中没有绝对的依靠，有一条道理简单而实用：努力，就有收获；没有努力，就没有所得。

我常常听到中国留学生抱怨“为什么爸妈不能给我买这个”，也看到有年轻人和当初的我一样因为做着一份“底层”的工作而满脸委屈。这时我就会想：到底是什么让我们和当地人如此不一样?

细细想来，我们的世界里好像缺少一种“18 岁后已成人”的情感仪式，即便已到了应该独立的年龄，也是“未断奶”的状态，很自然把父母的拥有理所应当地据为己有。一旦在成人世界里经历一点真实的辛苦，就轻易把它当作委屈，并未察觉每一分努力，都在为“一无所有”的自己做积累。而复杂的人际网络又让我们活在旁人的世界里，“别人的拥有”“别人的质疑”，这些很容易让内心不坚定的人愤愤不平地想：“我为什么要努力呢？”

这样无法发自内心去努力，让很多人钻了牛角尖，闷闷不乐地在生活里被动前进着，远不如西方人拼搏时那样潇洒。我时常想，到底是西方人把人生中所有复杂的问题简单化了，还是我们把人生中原本应该简单的问题复杂化了?

我相信不是所有人的生活都会一帆风顺，没有人能天生拥有一切，也不能保证没有跌倒的时刻，但是努力就是上天的补偿。因为努力代表改变，而改变就是一种希望。

如果你想成为一个博学的人，那么就去努力读书，别去在意有人问你“读那么多书有什么用呢”，因为只有你最清楚自己的坚持；如果你想成为一个经济独立的女孩子，就努力赚钱，别人说起“还不如嫁人”的时候，就告诉他“那不是每一个女孩的归宿”；如果你想成为一个身材完美的人，那就去努力运动，不要因为别人说“不觉得运动有什么效果”的话而半途而废。

看看身边靠努力成功的朋友，他们从来不抱怨自己的辛苦，也不去理会别人的声音，因为努力就是成功的必经之路，这是一种心甘情愿的公平交易。当努力成为人生的常态，那你的生活就一直充满希望。

如果现在的你正在为自己的梦想一刻不停地努力着，却忽然有人打断你：“那么努力干吗呢？”你可以用坚定的眼神看着他，就像在阐述一个天大的秘密，郑重地说：“因为努力才是人生的常态呀。”

如果他没有听懂你的话，那请你一定问问他：“太爱惜自己羽毛的鸟儿，怎么能够飞得远？”